Michelle Beyer
Simone Lück-Hildebrandt

Besser in Französisch

Grammatik 2. Lernjahr

Cornelsen
SCRIPTOR

Das Buch wurde für die 4. Auflage komplett durchgesehen und aktualisiert.

Diese Lernhilfenreihe, ursprünglich für den Französisch-Beginn in der 7. Klasse konzipiert, lässt sich auch beim Französisch-Start in einer früheren Klasse erfolgreich nutzen.

Die Autorinnen:

Michelle Beyer war viele Jahre Französischlehrerin an einem Gymnasium in Deutschland und unterrichtet heute an einem französischen Gymnasium.

Simone Lück-Hildebrandt unterrichtet Französisch an einem Gymnasium.
Sie ist außerdem Beauftragte für Lehrerfortbildung im Fach Französisch.

Cornelsen online http://www.cornelsen.de

Bibliografische Information
Die Deutsche Bibliothek verzeichnet diese Publikation in der Deutschen Nationalbibliografie; detaillierte bibliografische Daten sind im Internet über http://dnb.ddb.de abrufbar.

Dieser Band folgt den Regeln der deutschen Rechtschreibung, die seit August 2006 gelten.

10. 9. 8. 7. Die letzten Ziffern bezeichnen
10 09 08 07 Zahl und Jahr der Auflage.

Redaktion: Maria Bley, Baldham
Herstellung: Kristiane Klas, Frankfurt am Main
Umschlagentwurf: Bauer + Möhring, Berlin
Illustrationen: Stefan Matlik, Essenheim
Satz: Utesch GmbH, Hamburg
Druck und Bindung: Tesinska Tiskarna, Cesky Tesin
Printed in the Czech Republic
ISBN 978-3-589-21832-5

Gedruckt auf säurefreiem Papier,
umweltschonend hergestellt aus chlorfrei gebleichten Faserstoffen.

Inhalt

So lernst du mit diesem Buch

Aus welchem Grund du dich auch entschlossen hast, deine Französischkenntnisse zu verbessern – dieses Buch wird dir helfen, beim Umgang mit der französischen Grammatik sicherer zu werden.

Der Aufbau dieser Lernhilfe entspricht ungefähr deinem Französischlehrbuch, das du in der Schule benutzt. Du musst dieses Buch aber nicht unbedingt von vorne nach hinten durcharbeiten. Wenn du ein ganz bestimmtes Problem hast, kannst du das entsprechende Thema anhand des Inhaltsverzeichnisses heraussuchen und dann dieses Kapitel bearbeiten.

Auch das Vokabular ist auf dein Französischbuch abgestimmt. Manchmal war es allerdings nicht zu vermeiden, einen Begriff aufzunehmen, den du vielleicht noch nicht kennst. Die Übersetzung findest du dann unmittelbar hinter diesem Wort.

Jedes Kapitel dieses Buches enthält
- eine Übersicht über die behandelten Themen,
- kurze grammatische Erklärungen mit Beispielsätzen,
- ein bis zwei Übungen zum jeweiligen Thema.

Am Ende der meisten Kapitel findest du einen Test. Er enthält Übungen, für die du alle behandelten Themen des Kapitels beherrschen musst. Für diese Übungen gibst du dir anschließend Punkte und überprüfst selbst, ob du mit deinen Fortschritten zufrieden sein kannst. Wenn du nicht mehr als die Hälfte der angegebenen Punktzahl erreicht hast, solltest du das Kapitel besser noch einmal durcharbeiten.

Mit Hilfe des Lösungshefts kannst du deine Ergebnisse überprüfen. Du solltest dir die Lösungen allerdings immer erst ansehen, wenn du eine Übung vollständig bearbeitet hast.

Alle Übungen kannst du direkt im Buch bearbeiten. Am besten verwendest du dafür einen Bleistift. Dann kannst du radieren und eine Übung, mit der du nicht ganz zufrieden warst, noch einmal wiederholen.

M. Lecoq und Clochard begleiten dich wieder bei der Arbeit mit diesem Buch:

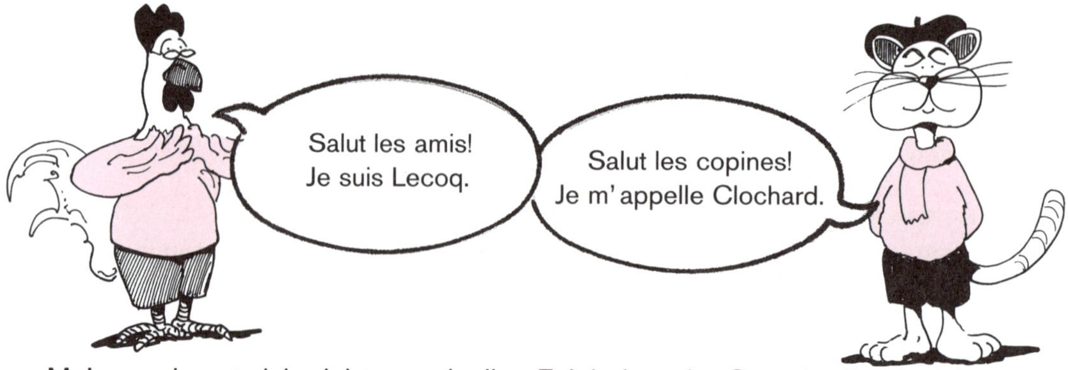

M. Lecoq kennt sich nicht nur mit allen Feinheiten der Sprache Frankreichs bestens aus, als Hahn verkörpert er auch ein Wahrzeichen des Landes. Wie du sicher vom Gallier Asterix weißt, benannten die Römer das heutige Frankreich nämlich nach dem Hahn (lat. gallus).
Der Kater ist zwar kein französisches Wahrzeichen, dafür aber in fast jedem normalen französischen Haushalt anzutreffen – also auch hier.
Beide, M. Lecoq und Clochard, sind da, wenn es etwas Besonderes zu beachten gibt.
Und auch unsere deutsch-französischen Freunde sind wieder dabei:

Und nun viel Erfolg und Spaß beim Üben mit diesem Buch!

Michelle Beyer und
Simone Lück-Hildebrandt

* progrès *m* – Fortschritt   * patati et patata – und so schwatzen sie in einem fort

1 Infinitivkonstruktionen ohne Präposition
L'infinitif sans préposition

A Der Infinitiv nach Modalverben
B Infinitiv und Objektpronomen
C Weitere Infinitivkonstruktionen

A Der Infinitiv nach Modalverben

Die Verben *pouvoir, devoir, vouloir* und *savoir* werden Modalverben genannt. Folgt auf ein Modalverb ein weiteres Verb, so steht das zweite Verb immer im Infinitiv.

Yves: On fait un tour.
Tu **veux venir** avec nous?

Magali: Je **voudrais** bien, mais je ne **peux** pas.
Je **dois attendre** un coup de téléphone de mes parents.

Im Falle der Verneinung umschließt die Verneinungsklammer die konjugierte Verbform – also das Modalverb. (Statt „konjugierte“ Verbform sagt man auch „finite“ Verbform.)

Elle **ne** peut **jamais** arriver à l'heure.

Leider sind die Modalverben unregelmäßig. Du musst sie also auswendig lernen. Kannst du sie schon?

	pouvoir (können)		**vouloir** (wollen)
je	peux	je	veux *
tu	peux	tu	veux
elle/il/on	peut	elle/il/on	veut
nous	pouvons	nous	voulons
vous	pouvez	vous	voulez
elles/ils	peuvent	elles/ils	veulent

* Und nicht zu vergessen die Höflichkeitsform: *je voudrais* (ich möchte).

	devoir (sollen, müssen)		**savoir** (wissen, können)
je	dois	je	sais
tu	dois	tu	sais
elle/il/on	doit	elle/il/on	sait
nous	devons	nous	savons
vous	devez	vous	savez
elles/ils	doivent	elles/ils	savent

Beim Gebrauch der Modalverben *savoir* und *pouvoir* musst du Folgendes beachten:

Savoir verweist auf etwas, was man lernen, einüben oder sich merken muss.

Pouvoir verweist auf eine vorhandene Möglichkeit oder Fähigkeit.

1 Vervollständige die Sätze wie im Beispiel. Benutze dabei passende Modalverben.

manger sa soupe / écrire / aller chez le dentiste / faire son exercice d'allemand

1. Il ne veut pas manger sa soupe.

2. ______________________

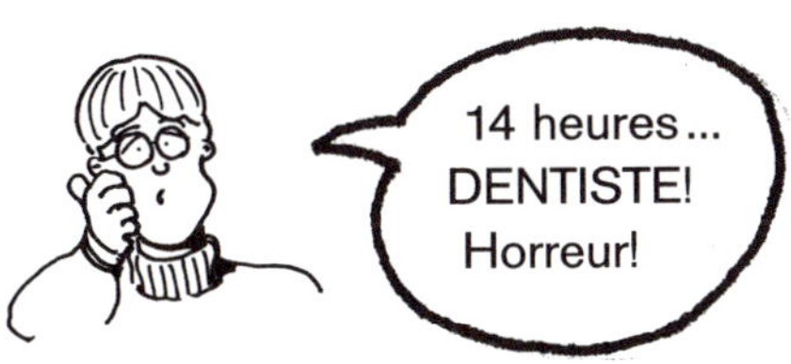

3. ______________________

4. ______________________

2 Le rendez-vous (1)

Vervollständige das folgende Gespräch mit den passenden Formen der modalen Verben: *pouvoir, savoir, vouloir* oder *devoir.*

Yves: On va au cinéma. Vous ______________[1] venir avec nous?

Brigitte: On ______________[2] bien, mais aujourd'hui, on ne ______________[3] pas.

Fredo: Et, on ______________[4] vous demander pourquoi vous ne ______________[5] pas?

Magali: Rolf m'attend. Nous avons rendez-vous et je ______________[6] être au Forum des Halles à 15 heures. Il ______________[7] me montrer une boutique de posters.

Yves: Bon. Mais nous ______________[8] peut-être faire un tour ensemble après?

Brigitte: D'accord. Alors, rendez-vous à 17 heures devant le Théâtre de la Ville. Vous ______________[9] où c'est?

Magali: Oui, moi, je ______________[10]. Il y a un bar allemand: «le Bayern».

Fredo: Ça, c'est bien Magali avec ses Allemands!

3 Le rendez-vous (2)

Entscheide nun, ob das einzusetzende Verb konjugiert wird oder im Infinitiv steht.

A 17 heures, Yves et Frédéric ___________[1] devant	être
le théâtre de la ville. Ils __________________________[2]	ne pas aimer
___________[3] en retard (zu spät kommen).	être
17 heures 15. Les filles ____________________________[4].	ne pas arriver
Yves ___________[5] son baladeur.	écouter
Frédéric ______________[6] sa montre.	regarder
Frédéric: «Mais, qu'est-ce qu'elles ______________[7]	pouvoir
bien ___________[8]?	faire
Ces demoiselles _____________________________________[9]	ne jamais regarder
leurs montres! Elles ________________[10] toujours quand	arriver
elles ______________[11], et nous, nous ______________[12]	vouloir/devoir
toujours les________________[13].	attendre
Ah, ces filles alors! Elles ______________[14] bien que	savoir
nous ____________________________[15]	ne pas vouloir
________________[16]!»	attendre

B Infinitiv und Objektpronomen

M. Lecoq: Tu sais faire **l'exercice,** Frédéric?
Frédéric: Bien sûr, je sais **le** faire!

Magali doit écrire **à sa tante Amélie**.
Elle doit **lui** écrire, mais elle ne veut pas **lui** écrire.

Das Objektpronomen steht immer vor dem Verb, auf das es sich bezieht.
In den Beispielsätzen oben bezieht sich das Objekt auf den Infinitiv. Deshalb steht das Objektpronomen vor dem Infinitiv – und nicht vor dem konjugierten Verb.

faire **l'exercice**	→	**le** faire
écrire **à tante Amélie**	→	**lui** écrire

4 Was sollen, müssen, können sie tun?
a) Notiere die Sätze zuerst richtig.
b) Ersetze dann die unterstrichenen Objekte durch ein Objektpronomen.

1. Elle / son / écrire / doit / père / à / mère / et / sa/.

a) ______________________

____

b) Elle doit leur ______________________

2. Rolf / téléphoner / à / Magali / veut /.

a) ______________________

____

b) ______________________

____

3. pas / panne / Ils / savent / ne / la / réparer /.

a) ______________________

____

b) ______________________

____

4. Elle / sa / ne / manger / veut / pas / soupe /.

a) ______________________

____

b) ______________________

____

5 Sind die folgenden Sätze richtig? Kreuze das entsprechende Kästchen an (c = *correct,* f = *faux*). Berichtige dann die fehlerhaften Sätze.

	c	f
1. a) Frédéric, tu dois ranger ta chambre!	☐	☐
b) Oui, je la veux bien ranger, mais après le film!	☐	☐

2. Magali ne veut pas écrire à sa tante. ☐ ☐

3. Tu sais répare le vélo? ☐ ☐

4. Nous doivons encore attendre les filles! ☐ ☐

5. Elle ne peut pas ses verbes parce qu'elle ne les apprend pas. ☐ ☐

____

____

____

____

____

C Weitere Infinitivkonstruktionen

Die Verben *aimer faire qc* (gern etwas tun) und *préférer faire qc* (es vorziehen, etwas zu tun) drücken eine Neigung aus. Nach diesen Verben steht der reine Infinitiv ohne Präposition.

J'**aime** bien **faire** du tennis,
mais je **préfère** encore **regarder** un film à la télé.

Weißt du übrigens noch, dass *préférer* leicht unregelmäßig ist? Jedes Mal wenn die Endung hörbar ist (*nous, vous*), wird der Stamm *préf**é**r-* geschrieben. Sonst heißt es *préf**è**r-*.

6 Qu'est-ce qu'ils aiment bien? Qu'est-ce qu'ils préfèrent encore?
Vervollständige die Sätze mit der richtigen Form von *aimer* oder *préférer* und der passenden Verbergänzung.

1. Tennis spielen / ins Kino gehen
3. Rad fahren (faire du vélo) / windsurfen (faire de la planche à voile)
4. mit dem Computer spielen (jouer avec l'ordinateur)
5. auf eine Party gehen (aller à une surprise-partie)
6. sich einen Film im Fernsehen anschauen / mit Freunden lachen
7. mit Rolf ausgehen (sortir)
8. ein Buch lesen / Kuchen und Eis essen

1. Moi, j'*aime* bien *faire du* tennis, mais je *préfère* encore *aller au* cinéma.

2. Et vous, Rolf et Katrin, qu'est-ce que vous ____________ faire?

3. Nous ________________ ________________ vélo, mais nous ____________________________. ____________________________ voile.

4. Et toi, Yves, tu __________ ____________________ ordinateur?

5. Oui, mais je ________________ ___________________ surprise-partie.

6. Et toi, Magali, qu'est-ce que tu ________________? __________ ________________ à la télé ou _______________________ amis?

7. Bien sûr, j'______________________ __________________________ amis, mais je ________________ encore _________________ Rolf.

Et tes copains?

8. Ma copine Brigitte, elle _____________________ ________________ livre, mais elle _________________________ _______________________ glaces.

Test

I Les problèmes de nos amis

Magali, Brigitte, Frédéric et Yves parlent de leurs problèmes: les parents et les sorties!

Setze das passende Verb ein. Bediene dich dabei der vorgegebenen Infinitive. Sie stehen allerdings nicht in der richtigen Reihenfolge.

être
ne pas vouloir
sortir
devoir

Moi, je voudrais bien ______________ [1] le soir, mais mes parents _____ ______________ _______ [2]. Je ___________ [3] toujours ___________ [4] à la maison à 21 heures! Pff! 21 heures en vacances!

pouvoir
comprendre
savoir
rentrer
sortir

Moi aussi! Mais ma grand-mère me ________________ [5]. Avec elle, je ___________ [6] _________________ [7] à 23 heures pendant les vacances, quand elle ____________ [8] avec qui je ____________ [9]!

sortir
vouloir
savoir

Moi, ça va avec mes parents, mais ils _______________ [10] toujours _______________ [11] avec qui je ____________ [12].

entendre
ne pas ranger
aider
pouvoir

Avec mes parents, j' _______________ [13] toujours: «Et ta chambre! Pourquoi est-ce que tu ____ la ______________ ________ [14]? Tu _______________ [15] _______________ [16] ton père dans le jardin!» La barbe!

16 points

2 Die nahe Zukunft
Le futur composé: aller faire qc

A Die Bildung mit *aller* und Infinitiv

Auch beim *futur composé* handelt es sich um eine Infinitivkonstruktion ohne Präposition.

Et qu'est-ce qu'on **va faire** aujourd'hui?

Nous **allons visiter** le zoo de Vincennes,
et après, je **vais** vous **offrir** une glace.

Das *futur composé* wird für Handlungen benutzt, die in der nahen Zukunft stattfinden. Deshalb nennt man diese Zeit auch *futur proche.*
Das *futur composé* wird gebildet, indem man hinter die Präsensform von *aller* den Infinitiv des entsprechenden Verbs anfügt.

Je	**vais**	**faire** mon lit dans cinq minutes.
Tu	**vas**	**rentrer** à quelle heure?
Il	**va**	**prendre** le bus de six heures.
Nous	**allons**	**regarder** le match de foot.
Vous	**allez**	**manger** au restaurant ce soir?
Ils	**vont**	**être** contents.

Ganz einfach also! Du musst allerdings die Formen des Verbs *aller* sicher beherrschen und die Infinitivformen der Verben kennen.
Wie steht's damit? Das werden wir gleich sehen.

1 Tu connais les infinitifs? Nous allons voir ...
Ergänze den passenden Infinitiv.

Tous les jours ...	**Mais demain ...**
Tous les jours je <u>prends</u> mon café à sept heures.	Mais demain, je vais ________________[1] mon café au lit à 10 heures.
Je <u>mange</u> des toasts.	Mais demain, je vais ________________[2] des croissants.
J'<u>attends</u> mon bus.	Je vais ________________[3] mes copains.
Je <u>file</u> au collège.	Je vais _________[4] dans un parc pour faire du footing. Et oui, demain, c'est dimanche!

Bis jetzt war es noch einfach. Nun sollst du die ganze Form des *futur composé* eintragen: die richtig konjugierte Form von *aller* und den passenden Infinitiv.

2 Regarde les images et réponds aux questions.
a) Que font-ils maintenant?
b) Et que vont-ils faire après?

1. a) Brigitte, qu'est-ce que tu fais?

   Je range ma chambre.

   b) Et après?

   Je vais écrire une lettre.

2. a) Magali, qu'est-ce que tu fais?

   ____

   b) Et après?

   ____

   ____

3. a) Et vous, Yves et Frédéric,

qu'est-ce que vous faites?

____

____

b) Et après?

____

____

4. a) Et vous, Gaby et Marie, qu'est-ce

que vous faites?

Nous ___________________________

____

b) Et après?

____

____

avec Gérard et Jacques.

B Die nahe Zukunft in der verneinten Form

Wird das *futur composé* verneint, so umschließen die beiden Teile der Verneinungsklammer die konjugierte Form von *aller*. (Auch bei den Modalverben wird die konjugierte Verbform von der Verneinungsklammer umschlossen.)

> Tu vas prendre ton vélo?
> Non, je **ne** vais **pas** prendre mon vélo. Je vais prendre le bus.

3 Qu'est-ce qu'ils vont faire?
Regarde bien les dessins et réponds à la question. Attention à la négation!

Il va boire un thé?

Non, il ne va pas boire un thé.

Il ______________________________

Tu vas dormir à l'hôtel?

Non, je ______________________________

Je ______________________________

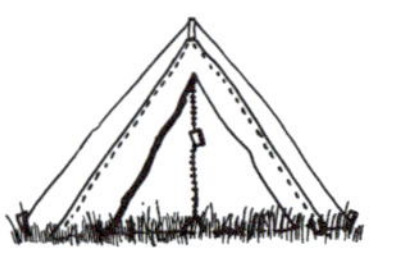

Elle va acheter le pull?

Non, ______________________________

____

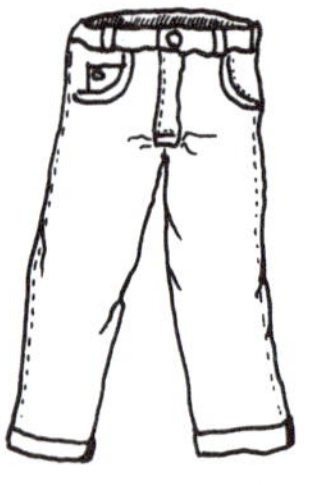

Vous allez jouer au badminton?

____

____

C Nahe Zukunft und Objektpronomen

> Quelle poussière! Range **ta chambre**, Yves!
>
> Bon d'accord. Je vais **la** ranger tout de suite.

Beim *futur composé* steht das Objektpronomen vor dem Verb im Infinitiv, denn auf dieses bezieht sich das Pronomen.

4 Que faire?
Vervollständige die Sätze im *futur composé* und ergänze die passenden Objektpronomen.

Vokabelhilfe

réparer – reparieren	rendre qc à qn – jdm. etwas zurückgeben
téléphoner à qn – jdn. anrufen	ranger – aufräumen

1. Les filles sont en retard au rendez-vous.
Yves et Frédéric vont encore
les attendre!

2. Le vélo ne marche pas, les enfants!
Vous ______________________
pour demain?

3. Brigitte n'est pas là! Qu'est-ce qu'on va faire?
Bon alors, on ______________
____

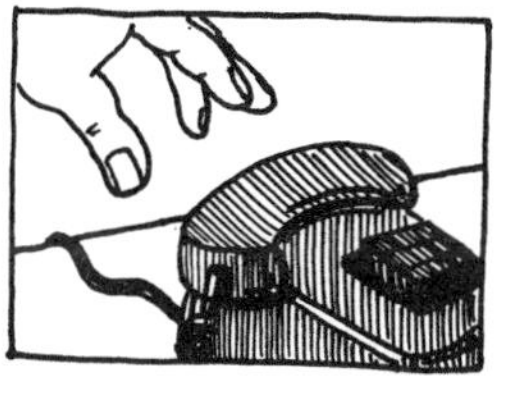

4. Magali et Brigitte oublient leur parapluie (Regenschirm) chez Rolf.
Il ______________________
leur parapluie demain.

5. Quel désordre dans ma chambre!
Bon, je ______________________

Test

I Vervollständige die Sätze mit dem passenden Verb im *futur composé.*

ein Taxi anrufen / mit dem Bus fahren / waschen / ins Restaurant gehen / ins Bett gehen / einen Arzt anrufen / ein Buch lesen / einen Orangensaft trinken

1. Ils sont en retard. Qu'est-ce qu'ils vont faire?

   Ils vont ______________________________

2. Ma voiture est en panne. Qu'est-ce que je vais bien faire?

   Eh bien, tu ______________________________

3. Nos jeans sont sales (dreckig)!

   Bon alors, vous ______________________________

4. Il n'y a plus rien (nichts mehr) à manger à la maison.

   Alors, nous ______________________________

5. Je suis très fatigué.

   Je ______________________________

6. Elle a 40 de fièvre (40 Grad Fieber).

   Elle ______________________________

7. Je ne peux pas dormir.

   Je ______________________________

8. Ils ont soif.

   Ils ______________________________

| 8 points

3 Indirekte Rede und indirekte Frage
Le style indirect

A Die indirekte Rede
B Die indirekte Frage

A Die indirekte Rede

Magali dit à sa mère: «Maman, je redouble (die Klasse wiederholen).»
Magali **dit** à sa mère **qu'**elle redouble.

Elle lui explique alors: «Mes amies redoublent aussi.»
Elle lui **explique** alors **que** ses amies redoublent aussi.

Die Sätze oben stehen einmal in der direkten und einmal in der indirekten Rede. Sätze der direkten Rede erkennst du daran, dass sie durch einen Doppelpunkt und/oder Anführungsstriche eingeführt werden.
Woran erkennt man aber die Sätze der indirekten Rede? Sie werden durch ein Verb wie *dire* oder *expliquer* und durch die Konjunktion *que* (dass) eingeleitet.

Folgende Verben können eine indirekte Rede einleiten:

dire	–	sagen	répondre	–	antworten
raconter	–	erzählen	expliquer	–	erklären
répéter	–	wiederholen	ajouter	–	hinzufügen

Vergleiche einmal die folgenden Sätze und achte besonders auf die Verben und Konjunktionen.

Er sagt, **dass** er Grippe **habe.**	Il dit **qu'**il **a** la grippe.
Er sagt, er **habe** Grippe.	Il dit **qu'**il **a** la grippe.

- Wie du siehst, wird im Französischen die Stellung des Verbs im Nebensatz nicht verändert.
- Im Deutschen wird (in der Schriftsprache) im indirekten Satz der Konjunktiv benutzt.
  Im Französischen bleiben wir bei den uns bis jetzt bekannten Zeiten.
- Die Konjunktion *que* ist im Französischen in der indirekten Rede unerlässlich. Vor einem Vokal wird *que* apostrophiert (*qu'*).
- Zwischen dem Hauptsatz und dem Nebensatz steht kein Komma.

Was passiert außerdem, wenn ein Satz von der direkten in die indirekte Rede umgewandelt wird?

Karsten dit: «**Je** cherche **ma** clé.»	Karsten sagt: „**Ich** suche **meinen** Schlüssel."
Il dit qu'**il** cherche **sa** clé.	Er sagt, dass **er seinen** Schlüssel suche.

- Das Subjekt des unabhängigen Satzes muss bei der Umwandlung in die indirekte Rede dem Sinne nach verändert werden. In unserem Beispiel wird das Subjekt *je* in der direkten Rede zu *il* in der indirekten Rede.
- Die Endung des Verbs muss dem neuen Subjekt natürlich angepasst werden.
  Frédéric et Yves: Nous écriv**ons** à Rolf.
  Frédéric et Yves disent qu'ils écriv**ent** à Rolf.
- Der Possessivbegleiter muss ebenfalls sinngemäß geändert werden. Im Beispiel oben wird *mon* zu *son*.

Genauso ist es ja im Deutschen.

Nicht nur Subjekt und Possessivbegleiter werden in der indirekten Rede verändert. Auch die Objektpronomen werden der neuen Sprechsituation angeglichen:

Frédéric dit à Yves: «Je **te** téléphone demain.»
Frédéric dit à Yves qu'il **lui** téléphone demain.

1 Wandle die folgenden Sätze der direkten Rede in die indirekte Rede um.

1. Brigitte dit à son père: «Je cherche mes clés!»
   Brigitte dit à son père qu'elle cherche ses clés.
2. Son père lui dit: «Tu ne sais jamais où tu mets tes affaires!»
   ____
   ____
3. Magali et Brigitte expliquent: «Nous rencontrons nos amis de Berlin à cinq heures.»
   Elles expliquent ______________________________
   ____
4. Elles ajoutent à Pierre et Fred: «Vous pouvez venir aussi.»
   Elles ajoutent à Pierre et Fred ______________________________
   ____

2 Wandle die Sprechblasentexte in indirekte Rede um. Achte dabei besonders auf die Verbformen und auf Possessivbegleiter und Objektpronomen.

1. Frédo et Magali *disent qu'ils vont au cinéma «La Géode».*
Ils expliquent qu'ils ont rendez-vous ____________________
____

2. Yves dit ____________________
____

3. Brigitte dit ____________________
mais elle ajoute qu'elle ____________________
____

4. Magali ____________________
____
____

5. Yves se fâche (ärgert sich) et dit ____________________
____
____

B Die indirekte Frage

direkte Frage	**indirekte Frage**
Le grand-père Lecarpentier à Magali: «**Est-ce que** tu passes en sixième?»	Le grand-père demande à Magali **si** elle passe en sixième.
«**Pourquoi** est-ce que tu redoubles?»	Il veut savoir **pourquoi** elle redouble.

- Ist die direkte Frage eine Entscheidungsfrage (*est-ce que*), dann wird sie in der indirekten Form mit der Konjunktion *si* (ob) eingeführt.
  Si wird vor *il/ils* apostrophiert (*s'il/s'ils*), nicht jedoch vor *elle/elles* (*si elle/si elles*).
- Wird die direkte Frage aber mit einem Fragewort (*pourquoi*) gebildet, dann wird auch die indirekte Form mit diesem Fragewort eingeleitet.

Anhand der folgenden Zusammenstellung kannst du überprüfen, ob du die wichtigsten Fragewörter noch beherrschst.

warum	–	pourquoi	wie viel	–	combien
wo/wohin	–	où	wer	–	qui
wann	–	quand	welcher/welche	–	quel/quelle
um wie viel Uhr	–	à quelle heure	ob	–	si

3 Magali konnte nicht auf die Party von Brigitte gehen. Jetzt will sie genau wissen, was sie verpasst hat.
Vervollständige mit dem passenden Fragewort.

«Tiens, salut Brigitte! Raconte-moi vite ta soirée d'hier. Je voudrais savoir __________[1] est venu du collège et ______________[2] de copains de la M.J.C. sont allés à ta fête. Dis-moi aussi avec __________[3] tu as dansé, __________[4] cadeau Yves t'a fait pour ton anniversaire, ____________________________[5] vous avez arrêté la fête, ________[6] vous êtes allés après et __________________[7] personne (keiner) n'est venu au collège aujourd'hui en première heure!»

Test

I Ordne die Fragen und Antworten einander zu.

question	1	2	3	4	5
réponse	e				

4 points

II Wandle jetzt die Sätze von Test I in indirekte Fragen und Antworten um. Denke daran, dass du die Objektpronomen, die Verbformen und die Possessivbegleiter verändern musst!

1. M. Genêt *veut savoir si Magali passe en sixième.*

   Magali *répond qu'elle redouble.*

2. Il demande aussi pourquoi ______________________________

   ____

3. Yves veut savoir ______________________________

   ____

4. Frédéric ______________________________

   ____

5. Clotilde ______________________________

   ____

8 points

4 Das Perfekt (1)
Le passé composé

A Die Bildung des *passé composé* mit *avoir*
B Die Bildung des Partizips Perfekt
C Das *passé composé* in der verneinten Form
D Die Bildung des *passé composé* mit *être*

A Die Bildung des *passé composé* mit *avoir*

Nous	**avons**	**travaillé**.		Wir haben gearbeitet.
Elle	**a**	**vu**	la tour Eiffel.	Sie hat den Eiffelturm gesehen.
Ils	**ont**	**visité**	un musée.	Sie haben ein Museum besucht.
	konjugierte Form von *avoir*	Partizip Perfekt		

Das *passé composé* der meisten Verben wird aus diesen zwei Elementen gebildet: aus der konjugierten Form von *avoir* und dem Partizip Perfekt.

1 Unterstreiche im folgenden Text die Formen des *passé composé* und schreibe sie heraus.
Après les vacances, Brigitte retrouve sa copine de classe:

«Super! Tu sais, j'ai passé quinze jours à Ber-	*j'ai passé* ______ 1
lin en Allemagne chez ma correspondante	______ 2
Fatima. La famille a été très gentille avec moi.	______ 3
Nous avons fait beaucoup d'excursions.	______ 4
J'ai vu par exemple la tour de la télévision	
(Fernsehturm). Mais quel monde devant les	

caisses, il a fallu attendre une heure pour pouvoir monter. Nous avons pris le café dans le restaurant de la tour. Quelle surprise!

Après Fatima a dit: ‹Et ce soir, nous allons au théâtre.› Alors j'ai mis une robe très jolie, mais Fatima m'a donné un jean. J'ai eu un choc! ‹Tu vas regarder la pièce *Linie 1,* c'est pour les jeunes,› a dit le frère de Fatima.

Au théâtre, je n'ai pas compris les dialogues, mais Fatima m'a raconté l'histoire. Le spectacle a été fantastique.»

B Die Bildung des Partizips Perfekt

Für die Bildung des Partizips Perfekt (P. P.) musst du dir Folgendes merken:

- Die Verben auf *-er* bilden das P. P. auf *é*.

achet**er**	J'ai achet**é.**
commenc**er**	Vous avez commenc**é**.

- Die Verben auf *-re* bilden das P. P. auf *u*.

atten**dre**	Il a atten**du**.
ren**dre**	La marchande a ren**du** six francs.

- Die Verben auf *-ir* bilden das P. P. auf *i*.

dorm**ir**	Elle a dorm**i**.
fin**ir**	Ils ont fin**i.**

- Bei einer Gruppe von Verben musst du die Form des Partizips auswendig lernen. Ihre Anzahl hält sich aber in Grenzen. Hier sind sie:

Infinitiv		**Partizip Perfekt**
faire	machen	fait
dire	sagen	dit
écrire	schreiben	écrit
mettre	setzen, stellen, legen	mis
prendre	nehmen	pris
lire	lesen	lu
voir	sehen	vu
boire	trinken	bu
pouvoir	können	pu
vouloir	wollen	voulu
devoir	müssen, sollen	dû
savoir	wissen	su
il faut	man muss	il a fallu
ouvrir	öffnen	ouvert
offrir	anbieten	offert
avoir	haben	eu
être	sein	été

2 Stelle dir für die folgende Übung eine Zeitmaschine vor:

Man schiebt die Infinitive hindurch → und erhält das Partizip Perfekt.

1. répondre → *répondu*
2. comprendre ____________
3. faire ____________
4. envoyer ____________
5. voir ____________
6. être ____________
7. mettre ____________
8. lire ____________
9. devoir ____________
10. ouvrir ____________

3 Coco aime bien parler. Il est même très intelligent et il répète toutes les phrases au passé composé.
Mach es wie er und wiederhole auch alles im *passé composé*.

1. Grand-père fête son anniversaire. — *Grand-père a fêté son anniversaire.*
2. Nous invitons beaucoup d'amis. ____________
3. On fait une grande fête. ____________
4. Le soir, nous buvons un verre de champagne. ____________
5. Tu peux aller à la discothèque? ____________

6. J'ai faim. ______________________

7. Grand-père et Brigitte voient ______________________
un match de foot à la télé. ______________________

8. A quelle heure est-ce que ______________________
vous prenez le petit déjeuner? ______________________

9. Magali et Brigitte écrivent ______________________
des lettres d'amour. ______________________

10. Frédo danse avec une ______________________
jolie fille. ______________________

11. J'attends devant le ______________________
cinéma. ______________________

12. Maman et papa, vous ______________________
écoutez de la musique pop? ______________________

13. Nous sommes à la piscine. ______________________

14. Ils veulent acheter ______________________
une maison. ______________________

15. Cloclo, est-ce que tu ______________________
offres des biscuits? ______________________

16. Vous mettez les vêtements ______________________
dans la valise? ______________________

17. Yves range sa chambre. ______________________

18. Pour avoir de l'argent ______________________
on vend quelque chose au ______________________
marché aux puces. ______________________

19. Avec cette grippe, il ______________________
faut rester au lit. ______________________

20. Magali et Frédo organisent ______________________
une excursion pour les ______________________
correspondants allemands. ______________________

C Das *passé composé* in der verneinten Form

Wie schon bei den Modalverben und dem *futur composé* umschließen die Verneinungselemente auch hier das konjugierte Verb – in diesem Fall die konjugierte Form von *avoir.*

Nous **n'**avons **pas** travaillé.
Elle **n'**a **rien** vu.
Ils **n'**ont **jamais** visité un musée.

4 Cloclo rentre de l'école maternelle (Vorschule). Elle pleure. Frédo lui demande: «Mais qu'est-ce qu'il y a, Cloclo?»
Benutze das *passé composé* und die Verneinung.

1. Les autres enfants ______________ avec moi.	ne pas jouer
2. Je *n'ai pas eu* le ballon.	ne pas avoir
3. La maîtresse (Kindergärtnerin) ______________!	ne rien dire
4. Mon copain Jacques ______________ là aujourd'hui.	ne pas être
5. Je ______________ parce que les autres enfants ont tout pris.	ne pas manger
6. La maîtresse ______________ quand les autres ont fait des bêtises (Dummheiten).	ne pas faire attention
7. Je ______________.	ne pas écrire
8. Les autres enfants ______________ leurs affaires. Mais la maîtresse m'a dit:	ne pas ranger
«Cloclo, pourquoi tu ______________ ta place?»	ne pas ranger

D Die Bildung des *passé composé* mit *être*

Nun werden nicht alle Verben im *passé composé* mit *avoir* gebildet – es gibt auch einige Verben, die mit der konjugierten Form von *être* gebildet werden. Diese mit *être* gebildeten lassen sich aber recht gut unterscheiden, denn sie drücken alle die Richtung einer Bewegung aus. Kater Clochard wird dir helfen, dir diese Verben zu merken.

Hier ist noch einmal die Übersicht der Verben, die im *passé composé* mit *être* gebildet werden:

monter	hinaufsteigen
partir	weggehen/-fahren
arriver	ankommen
entrer	eintreten
tomber	fallen
aller	gehen
venir	kommen
descendre	hinuntergehen
retourner	zurückkommen
rester	bleiben
sortir	hinausgehen

5 Frédo a cherché Clochard partout. Il raconte: «Quelle journée hier !!

1. Je suis monté, ____________________
2. ____________________
3. ____________________
4. ____________________
5. ____________________
6. ____________________
7. ____________________
8. ____________________
9. ____________________
10. ____________________
11. ____________________.»

6 Es gibt noch eine andere Möglichkeit, wie du dir diese Verben merken kannst: Du kannst Gegensatzpaare bilden.
Fülle bei den Kirschpaaren die Lücken jeweils mit dem Verb, das das Gegenteil ausdrückt. Einige Verben kommen dabei zweimal vor.

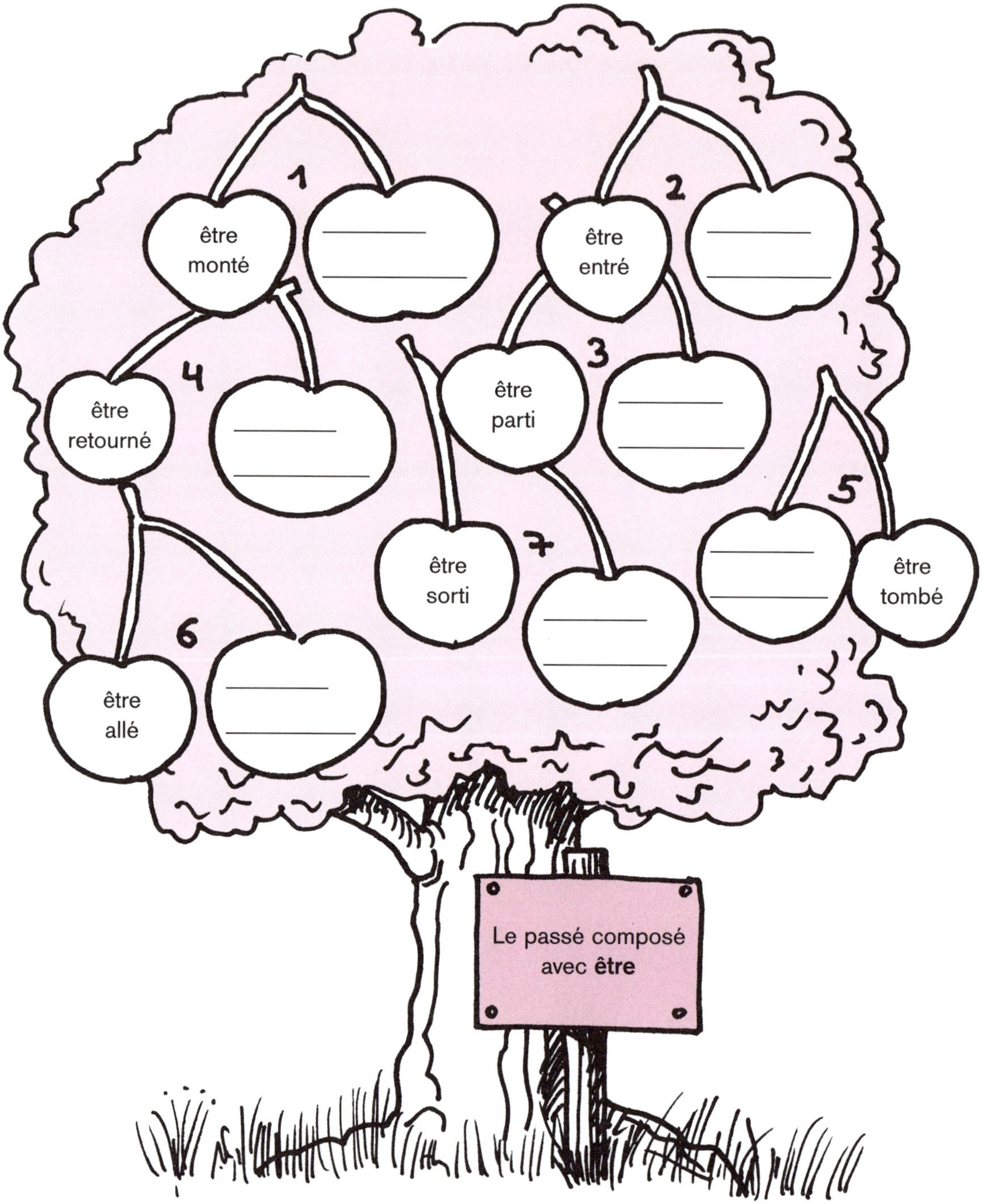

Bei den Verben, die im *passé composé* mit *être* gebildet werden, gibt es allerdings noch eine Besonderheit zu beachten.

Yves est monté dans sa chambre.
Frédo et son père sont allés au cinéma.
Magali est sortie avec Rolf.
Brigitte et sa mère sont parties.

Bei der Bildung des *passé composé* mit *être* wird das Partizip Perfekt (z. B. *monté*) dem Subjekt in Geschlecht und Zahl angeglichen. Dieses Prinzip kennst du schon vom Adjektiv.

Subjekt		**Partizip Perfekt**		
maskulin/Singular	+	monté	parti	descendu
feminin/Singular	+ **e**	monté**e**	parti**e**	descendu**e**
maskulin/Plural*	+ **s**	monté**s**	parti**s**	descendu**s**
feminin/Plural	+ **es**	monté**es**	parti**es**	descendu**es**

* Du weißt es sicher schon: Sobald in einer Gruppe eine männliche Person ist, wird die maskuline Pluralform verwendet.

7 Un week-end mouvementé (aufregend)
Frédéric schreibt Tagebuch. Das letzte Wochenende war sehr aufregend, deshalb ist er nur dazu gekommen, sich Notizen zu machen. Aber heute schreibt er alles ins Reine. Versetze dich in seine Lage.

1. Vendredi/je/arriver trop tard au collège
2. Clotilde/tomber de l'escalier
3. Maman et papa/monter dans un taxi pour aller chercher tante Louise à la gare
4. Je/rester à la maison pour faire attention à Cloclo
5. Le train de Cherbourg/arriver à 18 heures
6. Un peu plus tard/tante Louise/descendre du train

7. Tous les trois/rentrer en bus
8. Samedi/nous/sortir ensemble
9. Dimanche matin/Brigitte et Magali/venir à la maison/dire bonjour à tante Louise
10. Dimanche soir/tante Louise partir
11. Cloclo/aller aussi à la gare
12. Nous/être tristes/parce que nous aimons bien tante Louise

1. Vendredi, je suis arrivé trop tard au collège.
2. ______
3. ______
4. ______
5. ______
6. ______
7. ______
8. ______
9. ______
10. ______
11. ______
12. ______

Test

I Verbinde die folgenden Satzhälften so, dass sie einen sinnvollen Satz ergeben. Setze dabei jeweils die erste Satzhälfte ins Präsens und die zweite ins *passé composé.*

Frédo est triste parce qu'il a eu des problèmes à l'école et à la maison:

1. redoubler la classe — *parce que* → b)
2. avoir une discussion terrible avec ses parents
3. être seul dans la chambre
4. avoir des mauvaises notes

a) ne pas faire ses devoirs
b) ne pas travailler
c) bavarder avec ses camarades
d) dire des choses méchantes (hässlich) aux parents

Ce soir,

5. aller un peu mieux
6. être content

e) téléphoner à un ami
f) voir ses copains au café

1. *b)* *Frédo redouble* ______________________

____

2. ___ *Il* ______________________

____

3. ___ ______________________

____

4. ___ ______________________

____

5. ___ ______________________

____

6. ___ ______________________

____

| 6 points

II Coco est malade. Voilà ses phrases au passé composé, mais il a fait des fautes. Tu vas les corriger.

1. Elles ont écrivé des lettres d'amour.

___

2. Pendant les vacances, ils sont été sur la Côte d'Azur.

___

3. Nous sommes offrir des cadeaux.

___

4. J'ai voyez un match de tennis à la télé.

___

5. Magali as mis le gâteau au four.

___

6. Est-ce que vous êtes faites une promenade à la mer?

___

| 6 points

III Jetzt wird's ernst. In der folgenden Testaufgabe werden nun alle Verben – ob mit *avoir* oder *être* gebildet – geübt. Setze die richtigen Formen ein.

Mme Pipelette, la concierge de la maison où habitent Magali et ses parents, fait ses courses chez M. Bonsens, l'épicier du quartier.

Mme Pipelette: Ecoutez, M. Bonsens, je dois vous raconter

quelque chose à propos de cette jeune fille Magali. Les jeunes

aujourd'hui, c'est incroyable (unglaublich)! Hier après-midi,

Magali ________________ [1] vers trois heures du collège. — rentrer

Un peu plus tard, son amie, Brigitte ____________________ [2] — arriver

aussi. J' ______________ [3] à mon mari (Ehemann): — dire

«Elles vont peut-être faire leurs devoirs ensemble.» Mais non,

au contraire, une demi-heure plus tard, toutes les deux

__________________________ [4]. Elles ______________ [5] des — repartir,

jupes bien courtes et des boucles d'oreille (Ohrringe). Vers cinq — mettre

heures, sa mère ______________ [6] de son travail. Bien sûr, elle	revenir
______________________ [7] Magali. Elle ______________ [8]	ne pas trouver, venir
chez moi et elle ______________________ [9]:	demander
«Vous ne savez pas où est ma fille?»	
Evidemment (natürlich) je ________________________	ne pas pouvoir
_________________ [10].	répondre
Alors elle _________________ [11] à la maison pour les attendre.	rester
Après, mon mari ______________ [12] à la boulangerie.	aller
________________ [13] acheter du pain. Et qu'est-ce qu'il	falloir
____________ [14]? Eh bien, Magali, Brigitte et deux garçons; ils	voir
_________________ [15] du bistro à côté de la boulangerie.	sortir
Ensuite tous les quatre ____________________ [16] dans le	monter
bus pour aller en ville. Quelle jeunesse!!	
M. Bonsens: Mais Mme Pipelette, si elles ________________ [17]	rentrer
avant 22 heures, ce n'est pas un drame.	
Mme Pipelette: Comment, pas un drame?... Elles ___________	revenir
__________ [18] vers 21 heures, d'accord. Mais qu'est-ce que	
j' ________ [19] quand ils ___________________________ [20]	voir, descendre
du bus...? Les garçons ______________________ [21]	embrasser
les jeunes filles.	
M. Bonsens: C'est normal; ils ______________________ [22]	tomber
amoureux de (sich verlieben) ces jeunes filles. A notre époque,	
c'était (war es) la même chose!	
Mme Pipelette: Ah, M. Bonsens, je ne vous comprends pas.	
Au revoir!	
M. Bonsens: Mais madame! Mme Pipelette, vous ____________	ne rien acheter
_________________ [23].	

23 points

5 Das Adverb
L'adverbe

Im bisherigen Französischunterricht hast du schon einige Adverbien kennengelernt. Vielleicht ist dir aufgefallen, dass viele einfache Adverbien ihren Platz meist nach dem konjugierten Verb haben – in zusammengesetzten Zeiten also nach der konjugierten Form von *aller, avoir* oder *être.*

beaucoup	sehr	Il parle **beaucoup**.
trop	zu viel	Ils ont **trop** mangé.
toujours	immer	Elle est **toujours** rentrée à 15 heures.
encore	noch	Il reste **encore** des crêpes.
vite	schnell	Elle prend **vite** une douche.
tout de suite	sofort	Cloclo, rentre **tout de suite** du balcon!
bien	gerne, recht	J'aime **bien** écouter de la musique.
	sehr, gut	Yves travaille **bien** à l'école.
souvent	oft	Je suis **souvent** chez une copine.
		Je ne suis pas **souvent** chez ma mère.*

*Im verneinten Satz folgt das Adverb unmittelbar auf die Verneinungspartikel.

Adverbien der bestimmten Zeit und des Ortes stehen dagegen meist am Anfang oder am Ende des Satzes. Dazu gehören:

maintenant	nun	**Maintenant**, on va faire une boum.
alors	also, nun	**Alors**, on y va?
tout à coup	plötzlich	**Tout à coup**, j'entends un bruit.
là-bas	dahinten, dort	Tu vois la blonde **là-bas**?

Das Adverb *très* steht immer vor dem Adjektiv oder Adverb, zu dem es gehört. Auch *bien* kann zu einem Adjektiv oder Adverb gehören und hat dann dieselbe Stellung.

très	sehr	C'est un **très** bon joueur.
bien	gerne, recht	Il est **bien** fatigué.
	sehr, gut	On nous a servi ce plat **bien** chaud.

Achtung bei *peut-être*! Hier gehst du auf Nummer sicher, wenn du den Platz nach dem konjugierten Verb wählst; denn bei der Anfangsstellung darfst du auf keinen Fall das *que* oder *qu'* vergessen.

peut-être	vielleicht	Il est **peut-être** à la maison. **Peut-être qu'**il est à la maison.

1 Magali et Brigitte – des copines inséparables (unzertrennlich)
Setze in die folgende Übung alle Adverbien sinngemäß richtig ein.

toujours	très (3x)	souvent (2x)	bien
encore (2x)	trop	maintenant	tout de suite
vite	alors (2x)	tout à coup	peut-être

1. Magali et Brigitte sont souvent ensemble.
2. Elles ont ______________________ quelque chose à se raconter.
3. Pendant les cours, par exemple, le professeur les dispute (ermahnt) ______________________.
4. Alors, elles arrêtent (aufhören) ______________________ de parler.
5. Mais cinq minutes après, elles ont ________________ quelque chose à se dire.
6. Le professeur: «Magali et Brigitte, écoutez, vous parlez ______________________.
7. Je suis très fâché avec vous.
8. ______________________, je vais téléphoner à vos parents.»
9. Après le cours, Brigitte dit à Magali: «Ecoute, je vais ______________________ rentrer pour expliquer cette histoire à ma mère.»
10. Magali: «Je pense que ta mère va comprendre. Mais chez moi, c'est difficile. Ma mère est ______________________ sévère (streng).»
11. Brigitte propose: «______________________, attends ______________________ un peu. Le prof ne téléphone ______________________ pas aujourd'hui.»
12. A la maison, Magali raconte à sa mère: «Maman, j'ai ______________________ travaillé. M. Rioux est ______________________ content de moi.»
La mère: «Moi aussi, je suis contente.»
13. ______________________, le téléphone sonne…

2 Le petit traducteur

Achtung, jetzt wird gemischt: Sätze im Präsens und im Perfekt.
Achte auf die Stellung des Adverbs.

1. M. Bonsens hat das Problem schnell verstanden.

2. Cloclo ist allein zu Hause; ihre Eltern sind noch im Theater.

3. Frédo hat viel gearbeitet in diesem Jahr.

4. Nun hat er gute Noten.

5. Yves hat oft mit dem Computer gespielt (jouer à l'ordinateur).

6. Aber er hat nicht oft seine Freunde getroffen.

7. Vielleicht werden die Großeltern von Brigitte während der Sommerferien kommen. (Benutze das *futur composé.*)

6 Der indefinite Begleiter *tout*
Le déterminant indéfini «tout»

Brigitte a mangé **tout** le gâteau.	… den **ganzen** Kuchen
Frédéric a dormi **toute** la journée.	… den **ganzen** Tag
Il n'y a pas de solutions (Lösungen) à **tous** les problèmes.	… für **alle** Probleme
Il y a des embouteillages (Staus) dans **toutes** les villes.	… in **allen** Städten

Bei der Verwendung des indefiniten Begleiters *tout* musst du auf seine Bedeutung, auf seine Stellung und auf die Angleichung an das zugehörige Nomen achten.

- Die Bedeutung:

Singular	→	tout, toute	–	ganz
Plural	→	tous, toutes	–	alle

Vergleiche auch folgende geläufige Redewendungen:
tout le temps – die ganze Zeit   tous les deux – alle beide

- Die Stellung:

tout
toute
tous
toutes
} + Artikel + Nomen

- Außerdem musst du *tout* dem Geschlecht und der Anzahl des Nomens angleichen, auf das es sich bezieht.

	♂	♀
Singular	**tout** le gâteau	**toute** la journée
Plural	**tous** les problèmes	**toutes** les villes

1 Clochard était seul à la maison…
Kater Clochard musste allein zu Hause bleiben. In der Küche hat er alles durcheinandergebracht.
Setze sowohl die verschiedenen Formen von *tout* als auch den richtigen Artikel ein.

Clochard a ouvert toutes les armoires[1], il a grignoté (geknabbert) ________________ fruits[2]. Il a mangé ________________ fromage[3] et bu ________________ lait[4]. Il a renversé (umgekippt) ________________ tasses[5]. Il a aussi déchiré (zerrissen) ________________ serviettes de cuisine[6] et ________________ journaux[7]. En plus, il a renversé ________________ poubelle[8] (*f*, Mülleimer) et il a cassé ________________ vaisselle' (*f*, Geschirr). Et puis, ________________ famille[10] est rentrée à la maison.

Nun noch ein paar Besonderheiten:

Le grand-père a invité **tous ses** amis.
Regarde **tous ces** gâteaux.

Il a offert du champagne **à tout** le monde.
Magali a fait une photo **de tous** les invités.

Tout kann außer mit einem Artikel auch kombiniert werden:
- mit anderen Begleitern (Possessivbegleiter, Demonstrativbegleiter)
- und mit Präpositionen. Aber Achtung: keine Verschmelzung!

Tout le monde est arrivé en retard.	**Alle** sind zu spät angekommen.

Obwohl *tout le monde* im Deutschen oft mit „alle" übersetzt wird, steht es wie „jedermann" in der Einzahl, entsprechend dem Nomen *le monde*.

Yves a **tout** compris.	Yves hat **alles** verstanden.

Hier hat *tout* die Bedeutung von „alles" und steht ohne Artikel und Nomen – es bleibt unverändert.

2 Magali a tout expliqué, mais Rolf n'a rien compris.
Magali hat für Rolf Sätze mit *tout* vorbereitet, aber er hat die Lücken nicht füllen können.

1. Après cette boum, je vais dormir ________________ journée.	den ganzen
2. Yves a parlé ______________________ amis et il a dansé ___________ temps avec les autres, mais pas avec Katrin.	mit allen seinen
	die ganze
3. ________________ dit une phrase en allemand.	alle haben
4. Je n'ai pas encore ___________ vu de Paris, ________________ curiosités, ________________ quartiers.	alles
	alle seine (2x)
5. Il faut rester ________________ année.	ein ganzes
6. J'ai déjà fait une photo ______________________ amis français.	von allen meinen

Test

I Le petit traducteur

1. Brigitte und Yves haben <u>alle ihre</u> Freunde eingeladen.

____

2. <u>Alle</u> haben etwas mitgebracht.

____

3. Sie haben <u>alle</u> Flaschen geleert (vidé) und <u>alles</u> gegessen: <u>alle</u> Salate, <u>alle</u> Nachspeisen und <u>das ganze</u> Brot.

____

____

____

4. <u>Die ganze</u> Nacht haben sie Musik gehört und getanzt.

____

____

5. Die Eltern haben <u>allen</u> Nachbarn (voisins) erklärt, dass <u>alle beide</u> (alle zwei), Brigitte und Yves, ihren Geburtstag zusammen feiern.

____

____

____

Ein Punkt für jedes richtig eingesetzte *tout.* | 10 points

7 Der Teilungsartikel
L'article partitif

A Bildung und Verwendung des Teilungsartikels
B Teilungsartikel und Mengenangaben
C Ausnahmeregeln

A Bildung und Verwendung des Teilungsartikels

J'achète	**des** tomates, **des** pêches, **des** pommes	et	**du** fromage, **de la** confiture, **de l'**ail (Knoblauch).
Ich kaufe	Tomaten, Pfirsiche, Äpfel	und	Käse, Konfitüre, Knoblauch.

Sicher ist dir aufgefallen, dass bei einer so ungenauen Angabe wie „Salat" oder „Äpfel" im Französischen auch ein Artikel steht.

Bei Dingen, **die zählbar sind,** steht der unbestimmte Artikel Plural.	Bei Dingen, **die nicht zählbar sind**, steht der Teilungsartikel.
des tomates **des** pêches **des** pommes	de + le = du — **du** fromage de + la = de la — **de la** confiture de + l' = de l' — **de l'**ail
unbestimmter Artikel Plural	**Teilungsartikel**

Beim Teilungsartikel besteht die Vorstellung, dass von einer gesamten Menge (z. B. von Käse) ein bestimmter Teil genommen wird.

Auch bei Begriffen, die keine Lebensmittel bezeichnen, besteht die Vorstellung von einem Anteil eines Ganzen.

J'ai du courage.	le courage	Yves fait du foot.	le foot
J'ai de la force.	la force	Frédo fait du piano.	le piano
J'ai de l'argent.	l'argent	Magali fait de la natation.	la natation

Der Teilungsartikel wird also benutzt

- für die Bezeichnung einer unbestimmten Menge von Dingen, die nicht zählbar sind,
- bei abstrakten Begriffen, bei denen die Vorstellung eines unbestimmten Anteils besteht,
- bei der Konstruktion *faire* + Aktivität.

1 Brigitte fait un régime (Diät).
Voilà son plan pour deux semaines.

Le matin,
Brigitte prend ______________________ — pain gris
et ______________________. — margarine *f*
Elle boit ______________________ — café sans sucre
et elle fait ______________________. — jogging

A midi,
elle mange ______________________ — poisson *m* (Fisch)
et ______________________. — salade
Elle boit ______________________. — eau minérale
Une heure après, elle fait ______________________. — natation

Le soir,
Brigitte mange ______________________________, — yaourt

elle boit ____________________________ — thé noir

et elle fait ______________________. — danse

Vers 23 heures,
Brigitte prend ____________________________ — jus de fruits

et elle fait _________________. — yoga *m*

Après 15 jours:

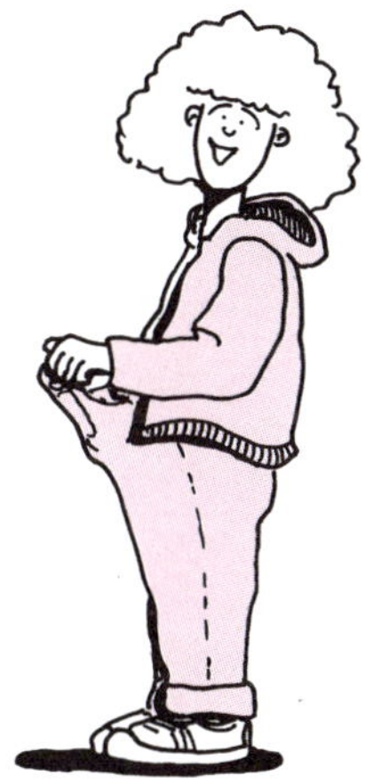

B Teilungsartikel und Mengenangaben

Wenn man nun einen Gegenstand oder einen abstrakten Begriff mengenmäßig **genauer** bezeichnen will, benutzt man:

• Zahlwörter	**une** salade **deux** melons ...	
• genaue Mengenangaben	**une gousse** (Knolle) **d'**ail **un kilo de** tomates **un litre de** lait	Nach diesen Mengenangaben steht nur **de.** Ein Artikel entfällt hier.
• allgemeinere Mengenangaben	**beaucoup d'**argent **assez de** sucre **peu de** beurre	
• die „Nullmenge“	ne ... **pas de** courage ne ... **plus d'**argent ne ... **jamais de** sucre	

2 Au café du marché

Im Café am Markt hört man viele Gespräche – allerdings etwas unvollständig. Setze die richtigen Artikel, Teilungsartikel, Zahlwörter oder Mengenangaben ein.

Aujourd'hui, il y a __________ abricots et __________ artichauts en promotion (im Angebot).
D'accord, on prend deux kilos __________ abricots et __________ artichauts.

Tu fais __________ musique en ce moment?
Non, j'ai __________ poste (*m* Stelle) à la banque.

Regarde, j'ai acheté __________ valise pour notre voyage.
Et moi, j'ai trouvé beaucoup __________ choses pour la plage.

Tu m'invites?
Eh bien, je regrette, mais je n'ai pas __________ argent!

C Ausnahmeregeln

Es gibt aber auch Fälle, in denen die bisher genannten Regeln nicht gelten.

- Bei Verallgemeinerungen und nach den Verben *aimer* und *préférer* steht der bestimmte Artikel.

L'alcool est un danger, quand on prend la voiture.	**Alkohol** ist eine Gefahr, wenn man mit dem Auto fährt.
La salade est bonne pour la santé.	**Salat** ist gut für die Gesundheit.
Moi, j'aime bien **la salade.**	Ich mag gerne **Salat**.
Non, je **n'**aime **pas la salade,** je préfère **le melon.**	Ich mag keinen **Salat**, ich bevorzuge **Melone.**

In diesen Sätzen geht es nicht um einen unbestimmten Anteil, sondern um den Gegenstand im Allgemeinen. Soll ein Satz so eine Verallgemeinerung ausdrücken, dann wird das im Französischen durch den bestimmten Artikel ausgedrückt (*le, la, l', les*) – und das auch bei der Verneinung.

- Nach *sans* steht kein Begleiter.

Je mange le melon **sans sucre**.
Je bois le thé **sans lait**.

Sans verträgt sich mit gar keinem Artikel. Hier bleibt das Nomen ohne Begleiter.

- Im Gegensatz dazu verlangt *avec* in der Regel den Teilungsartikel.

J'aime les crevettes **avec de la** mayonnaise.

- Bei *avoir faim, avoir soif, avoir peur* steht kein Begleiter.

Après le sport, Brigitte **a faim** et Yves **a soif**.
Clotilde est seule à la maison, alors elle **a peur**.

Die Wendungen *avoir faim/soif/peur* sind so eng miteinander verbunden, dass die Nomen hier keinen Begleiter benötigen.

3 Tout le monde est à table.
Bilde aus den Notizen vollständige Sätze. Überlege, welche Art von Begleiter du einsetzen musst.

1.	Je ______________________________	prendre encore/ un peu/viande
2.	Je ______________________________	ne pas/aimer/ riz
3.	______ riz ______________________________	riz/être bon/ santé
4.	Je ______________________________	préférer/ pommes de terre
5.	______________________________	avec/sauce/?
6.	Est ce-qu'on ______________________________	écouter/ musique/?
7.	Je ______________________________	ne pas/aimer/ musique classique/!
8.	Est ce-qu'on ______________________________	manger/crêpes/ après?
9.	Je ______________________________	préférer/crêpes/ sucre/sans
10.	Comment est-ce ______________________________	- comment/crêpes/ - faire/?
11.	______________________________ ______________________________	- avec/farine/ - beurre/œufs
12.	Je ______________________________ parce que j'ai ______________________________ crêpes.	- ne plus/vouloir - anger/dessert/ - avoir mangé/ - trop/crêpes

Test

I Rolf et Magali font les courses chez l'épicier, M. Bonsens.
Unterstreiche bei den folgenden Sätzen die richtige Form.

	un beurre		de la confiture.	
1. D'abord, ils achètent	du beurre	et	la confiture.	
	le beurre	un pot	de confiture.	
	de beurre		une confiture.	
	le fromage		de baguettes.	
2. Ensuite, ils prennent	de fromage	et	les baguettes.	
trois sortes	un fromage	deux	des baguettes.	
	du fromage		baguettes.	
	les croissants		un chocolat.	
3. Magali aime aussi	des croissants	avec	du chocolat.	
	croissants		le chocolat.	
	de croissants		de chocolat.	
	des cigarettes?			
4. Rolf: M. Bonsens, est-	les cigarettes?			
ce que vous avez	cigarettes?			
	de cigarettes?			
5. M. Bonsens: Vous savez	les cigarettes		du tabac	
très bien que je n'ai	cigarettes	parce	le tabac	n'est pas
jamais	de cigarettes	que	un tabac	bon pour
	des cigarettes		tabac	la santé!
	du vin rouge,		vin rouge	
6. M. Bonsens: Moi, je	un vin rouge,	un verre	de vin rouge	est bon
préfère	de vin rouge,	de	du vin rouge	pour
	le vin rouge,		à vin rouge	la santé.
7. Magali: Ah lala,				
Tous ces drogués !!				
	alcool		des cigarettes.	
Moi, je peux	l'alcool	et je ne	de cigarettes.	
vivre (leben) sans	de l'alcool	fume pas	cigarettes.	
	un alcool		les cigarettes.	

13 points

II Le petit traducteur

1. Brigitte betrachtet das Schaufenster (étalage *m*) mit Anoraks und Mänteln.

2. Um Fisch (poisson *m*) zuzubereiten, braucht man Zitronensaft.

3. Während der Ferien sind viele Touristen am Meer (au bord de la mer).

4. In Italien (en Italie) gibt es Brot ohne Salz.

5. Ich bevorzuge Brot mit Salz.

6. Yves macht Sport und Frédo macht Musik.

7. Cloclo fragt Frédo: Hast du ein bisschen Geld für mich?

8. Katrin mag gerne Tomatensalat.

9. Magali erklärt: Ich habe Mut, selbst wenn (même si) ich Angst habe.

Zwei Punkte pro Satz – ein Punkt Abzug pro Fehler. | 18 points

8 Verben mit Stammerweiterung
Les verbes en -ir du type «finir»

A Verben auf *-ir* mit Stammerweiterung
B Der Verbtyp *connaître*

A Verben auf *-ir* mit Stammerweiterung

Verben, die auf *-ir* enden (z. B. *dormir*), hast du ja bereits kennengelernt. Die folgende Gruppe von Verben wird dir auch keine Schwierigkeiten bereiten, sobald du das Prinzip verstanden hast.

finir (beenden)

Präsens:	Je	fini **s**	ma lettre.
	Tu	fini **s**	tes devoirs?
	Elle/Il	fini **t**	son repas.
	Nous	fini **ss ons**	de nettoyer l'appartement.
	Vous	fini **ss ez**	de lire de roman.
	Elles/Ils	fini **ss ent**	de parler de leur voyage.
		↓ Stamm**erweiterung**	
Perfekt:	J'ai	fini	ma lettre.

Genauso werden konjugiert:

remplir (füllen, ausfüllen)	Remplissez la bouteille.
choisir (wählen)	Choisissez votre dessert.
réfléchir (nachdenken)	Réfléchissez avant de commencer.
ralentir (verlangsamen)	Ralentissez dans les virages (Kurven).

1 Zunächst eine einfache Übung. Fülle die folgende Tabelle auf.

Infinitiv	choisir	______
je	______	remplis
tu	______	______
elle/il	choisit	______
nous	______	______
vous	______	______
elles/ils	______	______
Perfekt	______	avoir rempli
Infinitiv	réfléchir	ralentir
je	______	______
tu	______	ralentis
elle/il	______	______
nous	______	______
vous	réfléchissez	______
elles/ils	______	______
Perfekt	______	avoir ralenti

Erinnerst du dich noch an die Verben auf *-ir* im ersten Band? Verwechsle sie nicht mit den Verben mit Stammerweiterung. Hier ist noch einmal eine Erinnerungsstütze.

	partir (weggehen, wegfahren)	Genauso:
je	par **s**	sortir (ausgehen)
tu	par **s**	dormir (schlafen)
elle/il	par **t**	servir (bedienen)
nous	part **ons**	
vous	part **ez**	
elles/ils	part **ent**	

Jetzt kommt eine Übung, in der beide auf *-ir* endenden Verbtypen – mit und ohne Stammerweiterung – gemischt werden.

2 Cloclo et les verbes
Cloclo ist ja noch klein und macht bei den Verben manchmal noch Fehler. Du kannst ihre Fehler sicher korrigieren.

verbes conjugués	correct	faux	corrigé
1. je sortis	☐	☒	je sors
2. ils remplissent	☐	☐	______
3. tu fins	☐	☐	______
4. nous dormons	☐	☐	______
5. elle choix	☐	☐	______
6. vous partiez	☐	☐	______
7. nous réfléchons	☐	☐	______
8. elles finirent	☐	☐	______
9. vous ralentissez	☐	☐	______
10. tu dormis	☐	☐	______
11. nous sortissons	☐	☐	______

B Der Verbtyp *connaître*

Diese Sorte von Verben unterscheidet sich nicht sehr von der vorher behandelten Gruppe; auch sie weist eine Stammerweiterung auf sowie bei der 3. Person Singular ein ^ auf dem *i*.

		connaître (kennen)	
Präsens:	je	connai **s**	
	tu	connai **s**	
	elle/il	connaî **t**	^
	nous	connai **ss ons**	ss
	vous	connai **ss ez**	ss
	elles/ils	connai **ss ent**	ss
		↓ Stamm**erweiterung**	
Perfekt:	j'ai	connu	

Genauso werden konjugiert:

paraître (scheinen)	Il paraît qu'il a oublié son manteau.
apparaître (erscheinen)	Les acteurs (Schauspieler) apparaissent sur scène.

3 On joue aux dés.
Yves, Frédo und Rolf spielen ein Würfelspiel.
Yves würfelt für das Verb *connaître*,
Frédo für das Verb *paraître*,
Rolf für das Verb *apparaître*.

⚀ = 1.		⚃ = 1.	
⚁ = 2.	Person Singular	⚄ = 2.	Person Plural
⚂ = 3.		⚅ = 3.	

Premier tour:

1. Rolf ⚅ = ____________________
2. Frédo ⚁ = ____________________
3. Yves ⚂ = ____________________

Deuxième tour:

4. Frédo ⚀ = ____________________
5. Yves ⚃ = ____________________
6. Rolf ⚂ = ____________________

Troisième tour:

7. Frédo ⚃ = ____________________
8. Rolf ⚄ = ____________________
9. Yves ⚁ = ____________________

Quatrième tour:

10. Yves ⚀ = ____________________
11. Frédo ⚅ = ____________________
12. Rolf ⚃ = ____________________

Qui a gagné? ____________________

Test

I On sort ce soir?

Unsere Freunde wissen nicht so recht, was sie am Freitagabend tun sollen, aber dann haben sie doch eine Idee.

Deine Aufgabe ist es, die folgenden Verben sinngemäß einzusetzen und richtig zu konjugieren.

finir (2x)	choisir	dormir (2x)	réfléchir (2x)	sortir (2x)
partir (2x)	connaître (2x)	reconnaître (wiedererkennen)	apparaître	
paraître	remplir	ouvrir (2x)		

Yves: Et qu'est-ce qu'on fait ce soir? Regarder la télé? Il y a le tour de France. On va connaître[1] le vainqueur (Sieger) de la cinquième étape.

Frédo: Ah non, je n'aime pas le tour de France. Les filles, vous ____________[2] un peu?

Katrin: Moi, je ____________[3] ma lettre et puis je vais au lit, j'ai envie de ____________[4].

Brigitte: Alors, on ____________[5] ce soir?

Magali: D'accord, mais où? Attendez, je ____________[6] un peu. Dans une discothèque, peut-être.

Rolf: Mmh, vous ____________[7] une discothèque pas trop chère?

Brigitte: Il ____________[8] que la discothèque «Fièvre Jaune» n'est pas mal. Elle ____________[9] déjà à 21 heures.

Yves: Alors, on ____________[10] vers 20 heures. Avant, je peux regarder encore le tour de France.

Magali, Brigitte et Katrin: Et nous ____________[11] ce que nous allons mettre.

Cloclo: Moi, je fais dodo (ich gehe schlafen) et vous, vous ne ____________[12] pas?

Frédo: Mais non, Cloclo, pas encore. D'abord, on va ________________[13].

Cloclo: Tu me ________________[14] mon verre, Frédo; la nuit, j'ai toujours soif.

A 20 heures.

Rolf: Eh bien les filles, on peut ______________[15]?

Yves: Ah, elles ne ______________________[16] jamais à temps leurs préparatifs (Vorbereitungen).

Tout à coup, on ________________[17] la porte. Trois jeunes dames ________________________[18]. Rolf ne ___________________[19] même pas sa Magali.

18 points

9 Infinitivkonstruktionen mit Präposition *L'infinitif avec préposition*

A Infinitivkonstruktionen mit *de*
B *être en train de faire qc* und *venir de faire qc*
C Infinitivkonstruktionen mit *à*

Wie du schon in den Kapiteln 1 und 2 gesehen hast, werden manche Verben durch den Infinitiv eines weiteren Verbs ergänzt. Du weißt bereits, dass nach folgenden Verben der Infinitiv **ohne** Präposition angeschlossen wird:

- nach den Modalverben (*vouloir, pouvoir, savoir, devoir*)
- nach den Verben *préférer faire qc* und *aimer faire qc*
- beim *futur composé* nach dem Verb *aller*

Tu **peux venir** chez moi demain?
Je **préfère boire** un thé.
Nous **allons faire** un voyage.

In diesem Kapitel geht es nun um Infinitivkonstruktionen, die die Präposition *de* oder *à* erfordern.

A Infinitivkonstruktionen mit *de*

Es gibt eine Reihe von Verben und Redewendungen, bei denen der Infinitiv durch die Präposition *de* angeschlossen wird.

J'ai envie **d'aller** chez toi, mais malheureusement, je n'ai pas le temps **de sortir**.

Diese Verben und Redewendungen lassen sich nicht eindeutig einteilen. Du musst sie also auswendig lernen.

Die folgenden Infinitivkonstruktionen mit *de* solltest du inzwischen kennen und beherrschen:

avoir envie de faire qc	Lust haben, etw. zu tun
avoir besoin de faire qc	etw. tun müssen
avoir peur de faire qc	Angst haben, etw. zu tun
avoir le temps de faire qc	Zeit haben, etw. zu tun

être content de faire qc	zufrieden sein, etw. zu tun
être triste de faire qc	traurig sein, etw. zu tun
être dangereux de faire qc	gefährlich sein, etw. zu tun
essayer de faire qc	versuchen, etw. zu tun
proposer de faire qc	vorschlagen, etw. zu tun
rêver de faire qc	davon träumen, etw. zu tun
oublier de faire qc	vergessen, etw. zu tun
décider de faire qc	beschließen, etw. zu tun
dire à qn de faire qc	jemandem sagen, etw. zu tun

1 Qu'est-ce qu'ils ont envie de faire?
Schau dir das Bild einmal an und schreibe auf, was unsere Freunde tun wollen.

1. Mireille a envie de jouer avec l'ordinateur.
2. Robert a envie ______________ la télé.
3. Magali ______________________ livre.
4. Frédéric ______________________.
5. Yves ______________________.
6. Brigitte ______________________.
7. Et Clotilde ______________________.

B *être en train de faire qc* und *venir de faire qc*

Auch diese beiden Infinitivkonstruktionen erfordern die Präposition *de:*

être en train de faire qc	–	dabei sein, etwas zu tun
venir de faire qc	–	gerade etwas getan haben

Ähnlich wie im *futur composé* etwas Zukünftiges mit *aller faire qc* ausgedrückt wird, so werden diese beiden Wendungen für die Verlaufsform bzw. die unmittelbare Vergangenheit gebraucht.

- *Etre en train de faire qc* (gerade dabei sein, etwas zu tun) drückt aus, dass ein Vorgang gerade stattfindet, dass etwas gerade geschieht.

Paul, tu m'aides? Maman, une minute, **je suis en train de faire** mes maths!	Paul, hilfst du mir? Eine Minute, Mama, ich bin gerade dabei, meine Matheaufgaben zu machen.

- *Venir de faire qc* (gerade etwas getan haben) drückt aus, dass ein Vorgang gerade abgeschlossen wurde.

Frédéric est là? Oui, **il vient de rentrer**.	Ist Frédéric da? Ja, er ist gerade zurückgekommen.

Wie bei allen anderen Infinitivkonstruktionen stehen die Objektpronomen auch hier vor dem Infinitiv.

> Les enfants, vous pensez à fermer **les fenêtres**?
> Mais, nous venons de **les** fermer.

Sicherlich hast du mit diesen Sätzen keine Probleme gehabt. Machen wir also weiter.

Bei der nächsten Übung musst du überlegen, ob die folgenden Verben mit Infinitivergänzung die Präposition *de* erfordern oder nicht.

2 La maladie d'amour

Vervollständige diesen Text mit den passenden Verben. Überlege dir zunächst, welche Verben die Präposition *de* erfordern.

être heureuse ___?	oublier ___?	rêver ___?
ne pas pouvoir ___?	aller ___? (2x)	ne pas avoir le temps ___?
ne pas avoir envie ___?	dire ___?	être triste ___?

Depuis quelques semaines, Magali est bizarre (seltsam).

Elle met une chaussure noire et une autre marron.

Elle ______________________[1] faire ses exercices. Elle n'a plus de tête.

Elle ____________________[2] se concentrer en cours.

A la maison, ce n'est guère mieux (ist es kaum besser):

Quand sa mère lui ______________[3] l'aider, elle n'écoute pas. Rien ne l'intéresse:

elle __________________________________[4] rire avec ses copains, elle

__________________________________[5] sortir avec eux parce qu'elle écrit à Rolf

pendant des heures et quand elle n'écrit pas, elle reste à côté du téléphone.

Tous les jours, elle descend la première à la boîte à lettres: elle

____________________[6] avoir une lettre de Rolf. Souvent, elle

______________________________[7] ne rien trouver pour elle. Mais aujourd'hui, elle

plane (fühlt sich wie im siebten Himmel)! C'est samedi et Rolf ______________[8] lui

téléphoner.

Ça y est! Sa mère l'appelle au téléphone! Enfin, elle ______________[9] entendre la

voix (Stimme) de Rolf! Elle est __________________________[10] lui parler! Elle se

dépêche, elle court (rennt) et patatras (rums), elle tombe sur l'appareil et la communication (Verbindung) est coupée!

3 Qu'est-ce qu'ils sont en train de faire?
Betrachte diese beiden Bilder und schreibe auf, worin die Unterschiede bestehen.

Vokabelhilfe

filmer – filmen
courir après – hinter etw. herrennen
jouer au volley – Volleyball spielen
prendre une photo – ein Foto machen
faire du vélo – Fahrrad fahren
conduire une auto – ein Auto steuern

1. Sur la première image, la vieille dame est en train de téléphoner. Sur la deuxième, elle est en train d'attendre le bus.
2. Le monsieur est ______________________________

   Il ______________________________
3. Le chien ______________________________

   ____
4. La dame sur le banc ______________________________

   ____
5. La petite fille sur le banc ______________________________

   ____
6. Les garçons ______________________________

   ____
7. Le facteur ______________________________

   ____

4 Que sont-ils en train de faire? Que viennent-ils de faire? Que vont-ils faire? Ergänze die folgenden Sätze, indem du die richtige Zeitangabe *être en train de …*; *venir de …*; *aller …* und das passende Verb einsetzt.

se coucher	préparer	pleuvoir	réparer (2x)	écrire	sortir

1. Monique est à son bureau. Elle est en train de préparer un test de maths pour demain. Ne la dérange (stören) pas.
2. Nous sommes très fatigués. Nous ______________________ dans cinq minutes.
3. Non, Frédéric n'est plus là. Il ______________________ il y a un quart d'heure.
4. Yves et Frédéric sont dans la cour. En ce moment, ils ______________________ ______________ le vélo d'Yves.
5. Ça y est! Tu peux à nouveau écouter des cassettes: je ______________________ ______________ ton baladeur et il marche!
6. Les enfants, aujourd'hui vous ______________ une lettre à tante Amélie.
7. Prenez un parapluie. Il ________ sûrement (sicher) ______________.

C Infinitivkonstruktionen mit *à*

Bei einigen anderen Verben muss die Infinitivergänzung mit der Präposition *à* angeschlossen werden. Hier sind es wenige Verben, die du dir merken musst.

Folgende Infinitivkonstruktionen erfordern die Präposition *à*:

penser à faire qc	daran denken, etw. zu tun
commencer à faire qc	anfangen, etw. zu tun
avoir qc à faire	etw. zu tun haben
inviter à faire qc	einladen, etw. zu tun
continuer à faire qc	fortfahren, etw. zu tun
apprendre à faire qc	lernen, etw. zu tun
aider qn à faire qc	jdm. helfen, etw. zu tun

Nun wollen wir sehen, ob du sie von den anderen unterscheiden kannst.

5 Une lettre de Rolf à Magali
Endlich ist es so weit! Magali hat einen Brief von Rolf bekommen. Er hat sogar auf Französisch geschrieben. Wie du sehen wirst, hapert es aber noch bei den Präpositionen, den Infinitivkonstruktionen und bei der Stellung der Pronomen. Lies dir den Brief durch und korrigiere seine Fehler.

Ma chère Magali,

Aujourd'hui, j'ai enfin le temps d'écrire toi.[1] ____________________

D'abord, je dois te dire que j'ai été très content à trouver ta lettre ce matin.[2] ____________________

Je la viens de lire.[3] ____________________

J'ai essayé de te téléphoner il y a trois jours et j'ai pu parle avec ta maman, mais tout d'un coup, plus rien.[4] ____________________

J'ai essayé de refaire ton numéro, mais toujours rien.[5] ____________________

Est-ce que ton téléphone est cassé?[6] ____________________

Il commence de faire chaud à Berlin.[7] ____________________

Aujoud'hui, il fait 29° et nous avons «hitzefrei».[8] ____________________

(Au fait, qu'est-ce que c'est en français?)[9] ____________________

Alors, nous n'avons pas beaucoup envie de travaille.[10] ____________________

Mais les profs ne voulent rien savoir: nous avons toujours beaucoup de devoirs de faire.[11] ______________________________

Moi, je rêve de me promener dans Paris avec vous (et avec toi).[12] ______________________________

Vous avez de la chance d'être déjà en vacances.[13] ______________________________

Est-ce que Brigitte aime toujours de manger des gâteaux?[14] ______________________________

Bises Rolf

P.S.: Tu penses de m'envoyer (schicken) les photos de la Géode?[15] ______________________________

6 Complète les explications de Magali.
Wie du gesehen hast, hat Rolf noch einige Probleme mit der französischen Sprache. Magali ihrerseits hat auch Probleme mit der deutschen Sprache und mit ihrer Deutschlehrerin.

Franchement, je ne comprends pas du tout ma note en allemand. A Pâques, Rolf m'a invitée _______[1] passer deux semaines à Berlin. Avec lui, j'ai parlé allemand toute la journée et je n'ai pas eu peur _______[2] faire des fautes sur le génitif ou le datif. D'abord, même les Allemands font des fautes après «wegen»!
Alors ... Mais, voilà, madame Meyer, ma prof ne veut rien _______[3] savoir! Pourtant, j'ai bien appris le vocabulaire, mais c'est vrai que je ne pense pas _______[4] apprendre l'article. Il faut _______[5] dire qu'il y a trois articles en allemand!

Test

I Rien ne va plus.
Complète le texte avec une préposition si nécessaire.

C'est la fin de l'année scolaire. Une triste fin pour Magali. Elle vient _______[1] apprendre qu'elle va _______[2] redoubler. Ce n'est pas vraiment une surprise pour elle. Elle n'a pas eu envie _______[3] travailler cette année et elle a souvent oublié _______[4] faire ses devoirs. En mai, elle a bien commencé _______[5] travailler un peu, mais trop tard.

Pourtant (und doch), à la maison, son père et sa mère lui ont bien dit _______[6] se mettre enfin au travail.

Elle a essayé _______[7] se concentrer en maths et en latin, mais elle n'a jamais aimé _______[8] faire des maths. Elle préfère _______[9] faire de la musique et du sport. Et le latin! Encore une idée de ses parents! Elle n'a jamais eu envie _______[10] apprendre le latin! Franchement (ehrlich), est-ce qu'on a besoin _______[11] apprendre le latin à l'époque (im Zeitalter) des ordinateurs?

En plus, en physique, elle a eu une prof qui ne sait pas _______[12] expliquer! Essayez donc _______[13] dire à un prof qu'il n'explique pas bien!

Maintenant, elle doit _______[14] rentrer et elle a peur _______[15] montrer ses notes à ses parents ...

Et elle est bien triste _______[16] ne pas être avec Brigitte l'année prochaine.

| 16 points

II Le petit traducteur

Dein französischer Freund ruft dich an und will mit dir ins Kino gehen. Du sagst ihm:

1. Ich habe schon (bien) Lust, ins Kino zu gehen.

   ____

2. Aber ich habe keine Zeit auszugehen.

   ____

3. Ich habe noch Hausaufgaben zu erledigen.

   ____

4. Ich schlage dir vor, nach der Mathematikarbeit (composition de mathématiques *f*) den Film anzusehen.

   ____

   ____

Zwei Punkte pro Satz – ein Punkt Abzug pro Fehler.

| 8 points

10 Die unverbundenen Personalpronomen
Les pronoms personnels disjoints

Chez les Lecarpentier, il y a toujours du monde …

Yves sonne.
Frédo: Qui est-ce?
Yves: C'est **moi**. 2.
Voilà, le disque compact de Renaud.
Il est **à toi**, n'est-ce pas? 4.
Tu as encore un autre disque **de lui**? 3.

Le téléphone sonne.
Rolf: Ah, c'est **elle**, peut-être. 2.

M. et Mme Lecarpentier fêtent leurs 25 ans de mariage. Tout le monde est dans le salon.
Mme Lecarpentier: Qui veut du champagne?
Frédo, Rolf et Cloclo: **Nous**! 1.
Mme Lecarpentier: Ah mais non! Pour **vous**, 3.
j'ai du cidre.
Magali et Brigitte entrent avec un énorme gâteau.
Mme Lecarpentier à Frédo: Ça alors, ce sont
elles qui ont fait ce gâteau? 2.

La fête commence, tout le monde danse, il y a beaucoup de bruit (Lärm).
Les voisins: Ce sont encore **eux**, les 2.
Lecarpentier!

moi **toi** **elle/lui**	SINGULAR
nous **vous** **elles/eux**	PLURAL

Dir ist vielleicht aufgefallen, dass diese Pronomen nicht in unmittelbarer Verbindung mit einem Verb stehen. Deshalb nennt man sie die „unverbundenen Personalpronomen". Sie werden in folgenden Fällen verwendet:

1. in Äußerungen ohne Verb
2. nach *c'est/ce sont*:
   In Verbindung mit *nous* und *vous* wird die Singularform benutzt: *c'est.*
   In Verbindung mit *eux* und *elles* sind beide Formen möglich: *c'est* und *ce sont.*
3. nach Präpositionen (*de, pour, …*)
4. in Verbindung mit *être à,* um ein Besitzverhältnis
   oder eine Reihenfolge auszudrücken:
   La marchande au client: C'est **à vous**, monsieur? Le client: Oui, c'est **à moi**.

1 Setze das richtige Pronomen ein. Häufig musst du auch die passende Präposition oder den passenden Possessivbegleiter finden.

5
Où sont ________ jouets?
Mais regardez, les jouets sont à côté de ________!
BIC
6
Attention chéri, derrière ________!
7
Ce sont toujours _______ qui sont en retard!
CAISSE
CINEX
CINEX
Bien sûr, _______, ils pensent que nous sommes en retard.

11 Die Relativpronomen
Les pronoms relatifs

A Das Relativpronomen *qui*

Mit dem Relativpronomen *qui* kannst du unabhängige Hauptsätze miteinander zu einem Satzgefüge verbinden.

Clotilde est une petite fille. Elle a les cheveux roux.
Clotilde est une petite fille **qui** a les cheveux roux.

«Danse avec les loups» est un film **qui** m'a beaucoup plu.

Im neuen Satzgefüge erkennst du einen Hauptsatz und einen Nebensatz (hier einen Relativsatz), der durch das Relativpronomen *qui* eingeleitet wird.
In diesem Relativsatz ist *qui* das Subjekt. Es vertritt Personen **und** Sachen aus dem Hauptsatz und steht unmittelbar neben seinem Bezugswort (hier: *une petite fille* und *un film*).
Das Relativpronomen *qui* ist unveränderlich und wird auch vor einem Vokal nicht apostrophiert.

Und auch dies solltest du dir merken:
Im Französischen steht **kein** Komma zwischen dem Haupt- und dem Nebensatz.

Im neuen Satzgefüge erkennst du also Folgendes:

«Danse avec les loups» est un film **qui** m'a beaucoup plu.

Hauptsatz	Nebensatz
	qui = Subjekt und vertritt Personen und Sachen

1 Was passt hier zusammen? Verbinde den Haupt- und den Nebensatz.

1. Frédéric et Rolf sont des garçons
2. Brigitte est une fille
3. Yves est un copain de Frédo
4. «Danse avec les loups» est un film
5. Strasbourg est une ville
6. Clotilde est une petite fille

a) qui est près de l'Allemagne.
b) qui fait beaucoup de bêtises.
c) qui m'a beaucoup intéressé.
d) qui rêve du tour de France.
e) qui sont vraiment très sympathiques.
f) qui aime beaucoup les gâteaux.

1.	2.	3.	4.	5.	6.

Bis jetzt war es leicht. Nun ist die Satzstellung nicht immer so einfach. Man kann es durchaus auch mit solchen Sätzen zu tun haben:

Clotilde, **qui aime bien faire des farces** (Streiche),
fait sonner le réveil de son frère à trois heures du matin.

Frédéric, **qui n'a pas aimé cette farce**, a jeté un verre d'eau à sa sœur.

Hier wird der Nebensatz eingeschoben und durch zwei Kommas eingeschlossen. Ohne eingeschobene Nebensätze (Relativsätze) hätten wir folgende unabhängige Hauptsätze:

Clotilde fait sonner le réveil de son frère à trois heures du matin.
Elle aime bien faire des farces.

Frédéric a jeté un verre d'eau à sa sœur.
Il n'a pas aimé cette farce.

Damit das neue Satzgefüge mit Haupt- und Nebensatz einen Sinn ergibt, muss das Relativpronomen *qui* neben seinem Bezugswort stehen (hier: *Clotilde* bzw. *Frédéric*). Man muss die Satzstellung also ändern, sonst ergäbe sich folgender sinnloser Satz:

Clotilde fait sonner le réveil de son frère à trois heures du matin
qui aime bien faire des farces.

Der Relativsatz wird daher vom Hauptsatz eingeschlossen.

Clotilde, **qui aime bien faire des farces**, fait sonner le réveil ...

Hauptsatz — Relativsatz — Hauptsatz

2 Debout tout le monde!
In dieser Übung musst du überlegen, wo das Relativpronomen stehen muss. Schreibe dann das neue Satzgefüge auf.

1. Clotilde décide de faire une farce à son frère.
   Elle a toujours beaucoup d'idées pour faire des bêtises.
   Clotilde, qui a toujours beaucoup d'idées pour faire des bêtises, décide de faire une farce à son frère.
2. Frédéric a programmé son réveil pour dix heures.
   Il aime bien dormir longtemps.
   ____
   ____
3. Clotilde s'ennuie seule.
   Elle est toujours debout à sept heures.
   ____
   ____
4. Elle cherche une farce.
   Cette farce doit mettre Frédo en colère (in Wut versetzen).
   ____
   ____
5. Elle entre dans la chambre de son frère.
   Il dort.
   ____
   ____
6. Elle prend le réveil.
   Il est programmé pour dix heures.
   ____
   ____

Et elle le programme pour sept heures!

B Das Relativpronomen *que*

Auch das Relativpronomen *que* leitet einen Nebensatz ein.

«Danse avec les loups» est **un film que** Brigitte a vu deux fois.

Gilles est **un animateur que** Magali aime beaucoup.

Anders als *qui* ist *que* im Relativsatz nicht Subjekt, sondern direktes Objekt (wen oder was?).
Auch *que* vertritt Personen und Sachen aus dem Hauptsatz und ist unveränderlich.
Vor einem Vokal und dem stummen *h* wird *que* allerdings apostrophiert.

C'est le disque compact **qu'i**ls ont acheté.

Woran erkennst du nun, dass *que* eingesetzt werden muss?
Es ist ganz einfach. Du brauchst nur eine kleine Satzanalyse zu machen:

«Danse avec les loups» est **un film**	**qui**	passe	dans tous les cinémas.	
	Subjekt	Prädikat	adv. Best.	
Hauptsatz	Relativsatz			

«Danse avec les loups» est **un film**	**que**	Brigitte	a vu	deux fois.
	dir. Objekt	Subjekt	Prädikat	adv. Best.
Hauptsatz	Relativsatz			

Klarer Fall!
Im ersten Satz muss *qui* stehen, denn zu jedem Prädikat (Verb) gehört ein Subjekt.
Im zweiten Satz ist Brigitte bereits als Subjekt vorhanden – und ein Nebensatz kann nicht zwei Subjekte haben. Also kommt hier nur *que* in Frage.

3 Kleine Satzanalyse

Untersuche die folgenden Satzgefüge nach dem vorgegebenen Beispiel.

a) Kennzeichne zuerst den Haupt- und Relativsatz.

b) Untersuche dann die Funktion der Satzglieder im Relativsatz.

c) Kennzeichne zuletzt das Bezugswort des Relativpronomens.

Hauptsatz | Relativsatz

1. Frédéric n'aime pas les farces que Clotilde lui fait.

   d.O. S i.O. P

2. Montre-moi le musée que nous allons visiter demain.

3. Comment s'appelle ce château que vous nous montrez aujourd'hui?

4. C'est une forêt qui est très belle.

4 Un drôle d'oiseau (Ein komischer Vogel)

Vervollständige den Text mit dem passenden Relativpronomen *qui* oder *que.*

Depuis quelques semaines, il y a un drôle de locataire (Mieter) _________[1] habite au cinquième étage.

Mme Saistout n'aime guère (wenig) ce nouvel habitant _________[2] ne dit jamais bonjour ou au revoir et _________[3] n'a jamais de lettres! Pas normal, ça! Une personne normale reçoit (bekommt) des lettres, un journal, des visites. Et puis, porter des lettres ou des paquets, c'est un travail _________[4] Mme Saistout aime bien faire. Comme cela, elle peut demander les timbres _________[5] son fils n'a pas encore.

Et puis, au cinquième ou au sixième, il y a toujours un petit café ou un apéritif _________[6] attendent Mme Saistout.

Alors, bizarre, bizarre (seltsam), ce monsieur sans courrier, sans journal, sans visites.

C Die Hervorhebungen *c'est … qui/c'est … que*

Sollen im Französischen einzelne Satzglieder hervorgehoben werden, so bedient man sich der Wendungen *c'est … qui* oder *c'est … que.*

C'est moi **qui** ai téléphoné.
C'est Yves **que** j'ai vu.
C'est à Rolf **que** Magali écrit.
C'est demain **que** nous partons.

Im Deutschen wird das entsprechende Satzglied nur durch die Betonung hervorgehoben.

- **Die Hervorhebung mit *c'est … qui***

C'est … qui wird benutzt, wenn das Subjekt hervorgehoben werden soll.

F	D
C'est **moi** qui **suis** au téléphone!	**Ich** bin es, die am Telefon ist!
Frédo, c'est **toi** qui range**s** la cuisine aujourd'hui.	Frédo, **du** räumst die Küche heute auf.
C'est **nous** qui pass**ons** vous prendre.	**Wir** holen euch heute ab.

Das Verb richtet sich hierbei nach dem Subjekt, das durch *c'est … qui* hervorgehoben wird!

Auch im Plural benutzt man:

C'**est** nous qui …
C'**est** vous qui …

Nur bei der 3. Person Plural heißt es:

Ce **sont** les enfants qui …
Ce **sont** eux qui …
Ce **sont** elles qui …

5 Une dispute

Ergänze in den folgenden Sätzen die Hervorhebung. Denke daran, dass das Verb in die angegebene Zeit gesetzt werden muss und sich nach dem Subjekt richtet.

Frédéric: Clotilde, c'est toi *qui fais les courses* aujourd'hui.
(faire les courses/présent)

Clotilde: Ah, non! Pas question! C'est déjà moi __________________ __________ au supermarché hier! (aller/passé composé)

La mère: Encore une dispute! Je vais vous mettre d'accord!
Aujourd'hui, c'est moi ______________________________ pour vous.
(décider/futur composé)
Vous êtes en vacances, alors c'est vous ___________________ _____________ la cuisine et __________________________________ ___________! (ranger/futur composé, faire les courses/futur composé)

Frédéric et Clotilde: Ras le bol! C'est toujours nous ________________________ ____________________ en vacances! (devoir tout faire/présent)

- **Die Hervorhebung mit *c'est… que***

C'est à Pierre **que** je téléphone.
C'est ce journal **que** tu lis!
C'est au cinquième **que** nous habitons.
C'est à cette heure-là **que** tu rentres!
Ce sont les abricots **que** nous avons pris au marché.

Soll das direkte Objekt, das indirekte Objekt oder eine adverbiale Bestimmung hervorgehoben werden, so wird die Wendung *c'est… que* verwendet – bzw. *ce sont . . . que* für die 3. Person Plural.

6 C'est … qui où c'est … que?

Wandle die folgenden Sätze um, indem du jeweils das unterstrichene Satzglied hervorhebst.

1. Ce matin, je suis arrivé.

   C'est ce matin que je suis arrivé.

2. Jean fait les courses.

   ____

3. J'ai téléphoné.

   ____

4. Il habite à Tunis.

   ____

5. Vous arrivez à Berlin à 20 heures.

   ____

6. Nous téléphonons à Mme Pipelette.

   ____

7. Rolf et Magali viennent nous chercher.

   ____

8. Nous allons chercher les grands-parents en voiture.

   ____

   ____

D Das Relativpronomen *où*

Montre-moi **la rue où** tu habites.
L'accident s'est passé **le jour où** je suis arrivé.

Du kennst *où* bereits als Fragepronomen im Sinne von „wo/wohin“.

Où est-ce que tu vas, Pierre?

Où ist zugleich ein Relativpronomen, das letzte, mit dem wir uns hier beschäftigen. Das Relativpronomen *où* leitet einen Relativsatz ein, der eine **örtliche oder eine zeitliche** Angabe enthält.

Les enfants de Beyrouth jouent **dans des rues où** il y a des ruines.
Les jours où il fait trop chaud, nous restons à la maison.

Die Relativpronomen sind für dich nun kein Geheimnis mehr – also schreiten wir sofort zur Praxis.

7 Wandle die folgenden Sätze um. Unterstreiche zuerst die Orts- oder Zeitbestimmungen des zweiten Hauptsatzes. Verbinde dann beide Sätze, indem du die Orts- oder Zeitbestimmung durch das Relativpronomen *où* ersetzt.

1. Voilà le grand magasin de Cherbourg. J'ai acheté mon parapluie dans ce magasin.
   Voilà le grand magasin de Cherbourg où j'ai acheté mon parapluie.
2. Je vais te montrer le théâtre. Je suis déja allé dans ce théâtre!
3. Cela s'est passé un soir de vacances. Il y a eu un orage (Gewitter) ce soir-là.
4. Karin montre des photos. «Regardez la maison. Nous avons habité dans cette maison pendant cinq ans.»

Test

I Les réflexions d'une concierge

Füge die Relativpronomen *qui, que* und *où* ein.

«Oui, … un drôle d'oiseau … Voilà donc un monsieur ________[1] ne reçoit (erhält) pas de courrier et ________[2] n'a pas de visite.
Je ne sais même pas ________[3] il travaille. D'abord, est-ce qu'il travaille?
Il reste toujours ici. Le seul (einzig) moment ________[4] il sort, c'est quand je fais le ménage chez Mme Lardoux.
Oui, c'est la seule sortie ________[5] il fait de la journée.
Ensuite, c'est la seule personne de l'immeuble ________[6] je ne connais pas: jamais un bonjour ou un apéritif! Un sauvage (Wilder)!
C'est peut-être une personne ________[7] a peur … de la police et ________[8] se cache chez nous. Oh la la! Un criminel chez nous!
C'est à mon amie Mme Pipelette ________[9] je vais raconter tout cela.
C'est une collègue discrète ________[10] va pouvoir comprendre.
Et expérimentée (erfahren) avec ça! Pensez donc, dans l'immeuble ________[11] elle est concierge, il y a dix étages.
Alors, elle a de l'expérience et elle a vu beaucoup de choses ________[12] elle ne peut pas raconter à tout le monde, sauf (bis auf) à moi, bien sûr.»

| 12 points

12 Die reflexiven Verben
Les verbes pronominaux

A Die reflexiven Verben im Präsens
B Die reflexiven Verben im *passé composé*
C Die reflexiven Verben im *futur composé*
D Reflexive Verben und Modalverben

A Die reflexiven Verben im Präsens

↗ ↑
Je me cache.

Reflexive Verben haben ein Reflexivpronomen (rückbezügliches Fürwort) bei sich.
Dieses Reflexivpronomen gehört immer zu der Person oder Sache, die das Subjekt des Satzes darstellt.

Reflexivpronomen			**Befehlsform**
	se	cacher (sich verstecken)	
je	**me**	cache	
tu	**te**	caches	cache-toi
elle/il	**se**	cache	
nous	**nous**	cachons	cachons-nous
vous	**vous**	cachez	cachez-vous
elles/ils	**se**	cachent	

Im Gegensatz zum Deutschen steht das Reflexivpronomen im Französischen vor dem konjugierten Verb. Reflexivpronomen und konjugierte Verbform bilden eine unzertrennliche Einheit.

Je **m'amuse** beaucoup en vacances.
Il **se lève** à dix heures.

Das gilt auch für die Verneinung:

Je **ne me** cache **pas.**	
Tu **ne t'**amuses **pas.**	Ne t'amuse pas.
Vous **ne vous** couchez **pas.**	Ne vous couchez pas.

1 Lettre de Frédéric à son ami Yves
Setze die richtige Verbform ein.

Mon cher Yves,	
Merci beaucoup pour ta carte. Je ____________________[1]	s'amuser
beaucoup avec mon cousin Sylvain et Cloclo.	
Nous ____________________[2] à dix heures et	se lever
nous ____________________[3] tous les jours.	se baigner
Le soir, nous organisons des petites fêtes	
et nous ____________________[4] vers minuit.	se coucher (ins Bett gehen)
Je ____________________[5] d'aller à la poste parce que	se dépêcher (sich beeilen)
j'ai rendez-vous avec une fille sympa.	
Elle ____________________[6] Gisèle.	s'appeler
Avec elle, on ____________________[7].	ne jamais s'ennuyer (sich langweilen)
Nous ____________________[8] bien.	s'entendre
Et toi, est-ce que tu ____________________[9] bien aussi?	s'amuser

A bientôt

Frédéric

2 Frédérics Alltag ist nicht sehr lustig. Er sieht vielmehr so aus:

Ergänze in den Sprechblasen das passende Verb in der Befehlsform.
Benutze dabei folgende Verben:

se coucher	se laver	se dépêcher	s'habiller
ne pas s'amuser	se mettre au travail (sich an die Arbeit machen)		

Tu as encore du chocolat partout!
Lave-toi [1].

Tu as des devoirs à faire!
__________ [2].

Mais tu es toujours en pyjama!
__________ [3].

Tu as ton bus dans cinq minutes.
__________ [4].

__________ [5] pendant tes devoirs. Arrête ton jeu électronique.

Il est déjà 22 heures.
__________ [6].

Sicher hast du schon bemerkt, dass viele Verben sowohl im Französischen als auch im Deutschen reflexiv sind:

se laver	sich waschen
s'amuser	sich amüsieren
s'ennuyer	sich langweilen …

Einige sind jedoch nur im Französischen reflexiv. Präge sie dir ein:

se lever	aufstehen	se baigner	baden
se coucher	ins Bett gehen	s'arrêter	anhalten
s'appeler	heißen		

B Die reflexiven Verben im *passé composé*

Magali **s'est** habillée en fantôme.

Frédéric et Brigitte **ne** se sont **pas** ennuyés à la boum.

Das *passé composé* der reflexiven Verben wird mit *être* gebildet.
Auch im *passé composé* steht das Reflexivpronomen vor dem konjugierten Verb – hier also vor der konjugierten Form von *être*.
Die Verneinung umschließt die Wortgruppe: Reflexivpronomen und *être*.

Bei den nicht reflexiven Verben, die mit *être* verbunden werden, richtet sich das Partizip in Geschlecht und Zahl nach dem Nomen (→ Kapitel 4 D).
Bei den reflexiven Verben aber wird das Partizip dem Reflexivpronomen angeglichen – allerdings nur, wenn dieses direktes Objekt ist (wen oder was?).

Magali **s'** est amusé**e** avec Rolf.
direktes Objekt

3 Welches Subjekt passt zu welchem Verb? Schreibe den vollständigen Satz auf.

a) se sont rencontrés à la M.J.C.
b) s'est dépêché.
c) vous vous êtes déguisées en quoi?
d) ne s'est pas couchée à dix heures.

1. Et vous, Magali et Brigitte,
2. Frédéric
3. Cloclo
4. Yves et Brigitte

1.	2.	3.	4.

1. ______________________________

____

2. ______________________________

3. ______________________________

4. ______________________________

4 Setze ins Perfekt.

1. Clotilde s'endort (einschlafen).

___

2. Magali ne s'ennuie jamais avec Rolf.

___

3. Frédéric et Yves se rencontrent chez Patrick.

___

4. Le train s'arrête deux minutes seulement.

___

5. Elles ne se retournent pas.

___

6. Frédéric et Clotilde ne se comprennent jamais.

___

7. Magali et Karin s'entendent (verstehen sich) bien.

___

C Die reflexiven Verben im *futur composé*

Demain, c'est dimanche. Je ne vais pas **me lever à** six heures.
Je vais **me reposer** jusqu'à dix heures.

Du weißt, dass das *futur composé* sich aus der konjugierten Form von *aller* und dem Infinitiv zusammensetzt (→ Kapitel 2 A). Eine solche Infinitivkonstruktion kennst du auch von den Modalverben.

Wie die übrigen Objektpronomen stehen auch die Reflexivpronomen vor dem Infinitiv (→ Kapitel 1 B). Im Falle der Verneinung wird das konjugierte Verb von der Verneinung umklammert (→ Kapitel 2 B).

5 La surboum masquée

Unsere Freunde sind auf eine Party eingeladen. Sie sollen sich verkleiden. Sie überlegen, was sie wohl anziehen werden und wo sie sich treffen sollen. Natürlich muss Cloclo wie üblich dazwischenfunken.

Vervollständige die Sätze, indem du die nahe Zukunft einsetzt.

Yves:	Je vais m'acheter[1] un costume de pirate.	s'acheter
	Et toi, qu'est-ce que tu ____________________[2]?	s'acheter
Frédéric:	Rien. Mais, je ____________________[3]	s'habiller
	en vampire.	
Brigitte:	Mais où est-ce que nous	
	________________________________[4]?	se rencontrer
Magali:	Eh bien, on ____________________________[5]	se retrouver
	à neuf heures au métro Riquet.	
Cloclo:	Dites donc, vous	
	____[6].	ne pas s'ennuyer
	Et moi, alors? Qui ____________________[7]	s'occuper
	de moi?	
Frédéric:	Mais c'est pour les grands. Ça ne va pas t'intéresser.	
	Tu ________________________[8] avec nous.	s'ennuyer
	Reste avec les grands-parents.	
Cloclo:	Merci bien! Ils ____________________________[9]	s'endormir
	devant la télé!	

D Reflexive Verben und Modalverben

Demain, c'est dimanche et je peux **me reposer** jusqu'à dix heures.
Frédéric, tu veux bien **t'occuper** de ta sœur?

Wie beim *futur composé* stehen die Reflexivpronomen vor dem Infinitiv, auf den sie sich beziehen. Vergleiche:

Je vais **m'acheter** un disque compact.
Je veux **m'acheter** un disque compact.

Im Fall der Verneinung wird das Modalverb von der Verneinung umklammert.

Je **ne** veux **pas** m'occuper de ma sœur.

6 36 15, enfance malheureuse (36 15, unglückliche Kindheit)
36 15 ist die Eingangsnummer zum französischen Minitel-System (BTX), ein vielseitiges, aber auch kostspieliges Angebot der französischen Telecom.
Vervollständige die folgenden Sätze mit den vorgegebenen Verben.

Quand Mme Lecarpentier dit: «Frédéric, tu __________	vouloir s'occuper
bien ____________________[1] de ta sœur?», elle veut	
dire qu'il ____________________________[2] d'elle.	devoir s'occuper
«Ce n'est pas juste, pense Frédéric, je ______	ne jamais pouvoir
____________________________________[3] comme je veux.	s'amuser
Je __________ toujours _________________[4] de ce bébé.»	devoir s'occuper
Et Clotilde, elle, dans son coin dit:	
«Qui __________________________[5] à *Trivial Pursuit*	s'amuser/ (futur)
avec moi?	
Je _____________________________________[6] toute	ne pas vouloir s'ennuyer
seule dans mon coin.	
Demain, tout le monde ____________________[7] à la surboum.	s'amuser/ (futur)
Et qui _________________________[8] chez les grands-	devoir se rendre
parents? C'est moi!	
Et devinez (erratet) qui __________________________[9]	s'ennuyer/ (futur)
devant la télé avec eux? Gagné! C'est moi!	

Bon, vous _______________ [10] de moi?	ne pas vouloir s'occuper
Alors, je _______________ [11] avec le Minitel!»	s'amuser/ (futur)
«Le Minitel! Ah, non! Pas question! Tu as vu la note de téléphone?»	

Test

I C'est correct?
In einigen der folgenden Sätze stecken Fehler. Lies dir diese Sätze durch und notiere jeweils ein c für *correct* oder ein f für *faux*. Korrigiere dann die Fehler.

☐ 1. Je s'habille. _______________

☐ 2. Il se va lever à sept heures. _______________

☐ 3. Nous n'allons pas nous coucher. _______________

☐ 4. Vous voulez vous rencontrer à quelle heure?

____

☐ 5. Il a sifflé, mais je ne m'ai pas retournée.

____

☐ 6. Elles se sont ennuyé pendant le film.

____

☐ 7. Avec mon bras cassé, je ne peux pas m'habiller.

____

☐ 8. Magali et Brigitte ne se sont pas baignées.

____

☐ 9. Vous allez vous amusent à la boum.

____

| 9 points

II La journée de Mme Pipelette
Erzähle einen Tag aus dem Leben der Mme Pipelette.

se lever / se regarder dans la glace

se sentir fatiguée / prendre un comprimé

se rendre chez Mme Saistout

s'installer dans sa loge

s'ennuyer / lire les cartes des locataires

se mettre au travail

se sentir fatiguée

se doper avec un apéritif

se sentir pleine d'énergie

s'installer dans son fauteuil / se reposer

1. ______________________________
2. ______________________________
3. ______________________________
4. ______________________________
5. ______________________________
6. ______________________________
7. ______________________________
8. ______________________________
9. ______________________________
10. ______________________________
____

11 points

13 Länder- und Städtenamen
Les noms des pays et des villes

A Die Ländernamen und ihre Begleiter
B Nationalitätsbezeichnungen
C Städtenamen und ihre Präpositionen

A Die Ländernamen und ihre Begleiter

Der *Mont St. Michel* ist eine der bekanntesten Sehenswürdigkeiten in Frankreich. Auf dem großen Parkplatz sieht man Autos fast aller Nationalitäten versammelt.

weibliche Ländernamen		männliche Ländernamen
la France	l'Italie	le Danemark
la Grande-Bretagne	l'Autriche	le Luxembourg
la Norvège	l'Espagne	le Portugal
la Suède	l'Allemagne	les Pays-Bas
la Belgique	l'Irlande	les Etats-Unis
la Pologne		
la Roumanie		
la Turquie		
la Grèce		
la Suisse		

Dieser „kleine Unterschied" ist wichtig.
Du wirst gleich sehen, warum:

Eh bien, moi j'aimerais bien aller…

en Grèce,
en Allemagne,

au Luxembourg,
au Portugal,

(B) *en* ______________________,
(I) ______________________,

(DK) ______________________,
(NL) aux Pays-Bas.

être rester aller partir voyager	**en** + ♀ Ländernamen	**au/aux** + ♂ Ländernamen

Après les vacances, les jeunes disent: Nous venons…

de France,
d'Italie,

du Danemark,
du Portugal,

(PL) ______________________,
(E) ______________________,

(L) ______________________,
(USA) des Etats-Unis.

(re)venir arriver rentrer	**de/d'** + ♀ Ländernamen	**du/des** + ♂ Ländernamen

1 Tu connais ces pays de l'Europe?

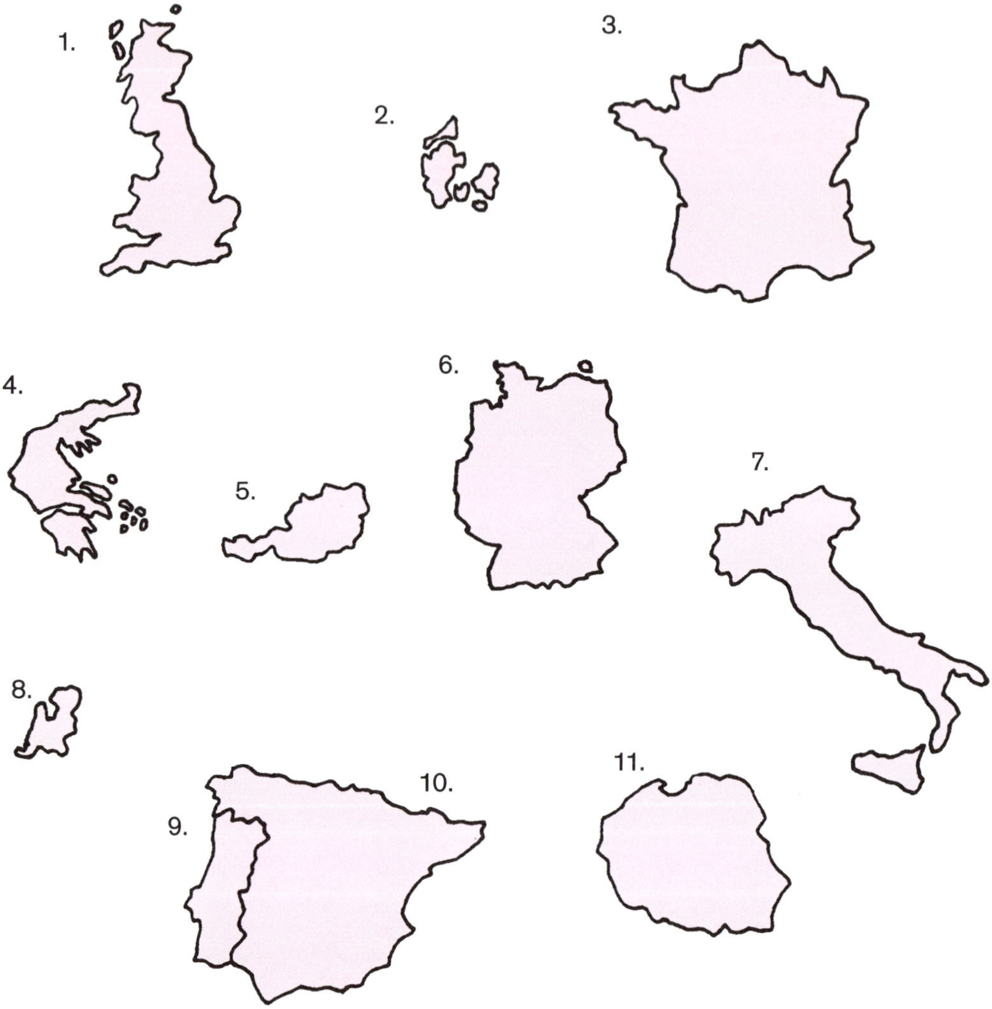

1. *la Grande-Bretagne*
2. ____________________
3. ____________________
4. ____________________
5. ____________________
6. ____________________
7. ____________________
8. ____________________
9. ____________________
10. ____________________
11. ____________________

2 Dans cette maison, les gens aiment faire des voyages.
Formuliere vollständige Sätze und verwende die richtigen Präpositionen.

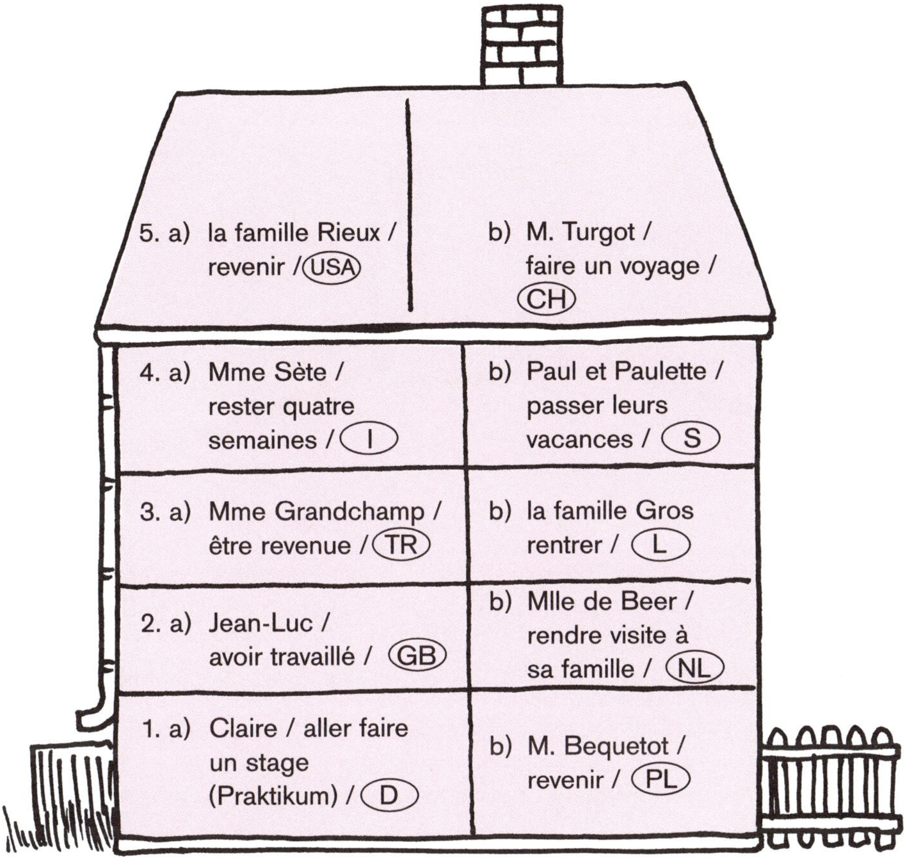

1. a) Claire va faire un stage ____________________
   b) ____________________
2. a) ____________________
   b) ____________________
   ____
3. a) ____________________
   b) ____________________
4. a) ____________________
   b) ____________________
5. a) ____________________
   b) ____________________

B Nationalitätsbezeichnungen

Bei den Nationalitätsbezeichnungen lässt sich das Auswendiglernen nicht umgehen. Du kannst es dir aber erleichtern, indem du die folgenden Gruppen betrachtest:

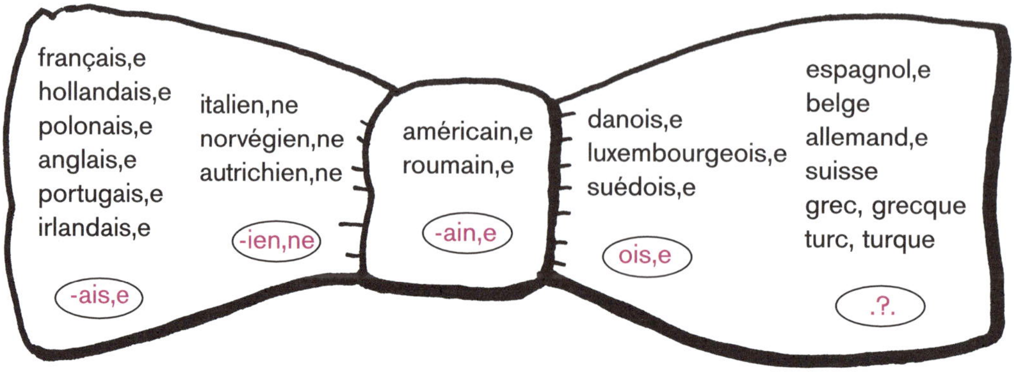

Diese Adjektive können auch als Nomen gebraucht werden:

	un Français/une Française	ein Franzose/eine Französin
	un Allemand/une Allemande	ein Deutscher/eine Deutsche
aber		
	le français	das Französische (als Sprache)

Hierbei musst du berücksichtigen:

- Nur die Nomen, die Personen bezeichnen, werden großgeschrieben.

Vasco da Gama, **un Portugais**, a découvert l'Inde (Indien).

- Die Adjektive werden grundsätzlich kleingeschrieben.

Cette année, on va faire du ski dans les Alpes **italiennes.**

3 Sur un terrain de camping international, il y a des jeunes de toutes les nationalités. Pendant une fête, ils se parlent...
Achtung, jetzt musst du die Regeln von Abschnitt A und B kombinieren.

(Pierre (F) + Luc (L/B)) (Ludmilla (RO) + Tony (B/GB)) (Gina (I) + Pedro (DK/P))
(Piet (NL) + Marcel (F/CH)) (Carmen (E) + Nils (GB/S))
(Steve (USA) + Fatima (D/TR)) (Krisztian (PL) + Anna (IRL/N))

1. Luc: Ah, tu es Français?

   Pierre: Oui, je viens de France. Et toi?

   Luc: Je viens du Luxembourg, mais je suis Belge.

2. Tony: Ah, tu es ____

   Ludmilla: Oui, je ____ Et toi?

   Tony: Je viens ____ mais je suis ____

3. Pedro: Tu es ____

   Gina: Oui, je viens ____

   Pedro: ____

   ____

4. Marcel: ____

   Piet: ____

   Marcel: ____

5. Nils: ____

   Carmen: ____

   Nils: ____

   ____

6. Fatima: ____

   Steve: ____

   Fatima: ____

7. Anna: ____

   Krisztian: ____

   Anna: ____

   ____

C Städtenamen und ihre Präpositionen

Les Lecarpentier habitent **à** Paris.
Le grand-père de Brigitte part **pour** Rouen.
Les grands-parents de Magali arrivent **de** Strasbourg.

Städtenamen haben in der Regel nur die Präposition und keinen Artikel bei sich – es sei denn: Der Name der Stadt selbst ist mit einem Artikel versehen, wie: *Le Mans, Le Havre, La Rochelle…*

Brigitte rentre **de La** Rochelle.
Yves passe une semaine **au** Mans.

4 Paul ist Lastkraftwagenfahrer für eine Supermarktkette in Frankreich. In einer Woche kommt er sehr viel herum. Bei der folgenden Übung musst du seinen Terminkalender in vollständige Sätze übersetzen. Mit der Frankreichkarte in deinem Atlas kannst du seine Route verfolgen.

Lundi	Mardi	Mercredi	Jeudi	Vendredi	Samedi	Dimanche
7 h partir Paris ● → 16 h arriver Le Mans ✖	9 h aller Nantes → ● vers 13 h continuer La Rochelle → ●	8 h se rendre Limoges → ● 14 h partir Le Puy → ●	Le Puy ● → aller → ● Chambéry	10 h arriver Les Saisies ✖ Il reste une nuit.	7 h partir Les Saisies ● → 18 h arriver Le Creusot ✖	6 h partir Le Creusot ● → passer Orléans -●> 20 h arriver Le Havre ✖
1.	2.	3.	4.	5.	6.	7.

● → = partir de (wegfahren von)
● → → ● = aller de… à…
-●> = passer par (durchfahren durch)
✖ = arriver à

→ ● = aller à
se rendre à (sich begeben nach)
continuer à (weiterfahren nach)
partir pour (abfahren nach)

1. Le lundi à sept heures, Paul part de Paris. A seize heures,

   il arrive ________________.

2. ____

   ____

3. ____

   ____

4. ____

5. ____

   ____

6. ____

   ____

7. ____

   ____

   ____

Test

I Les pays et leurs monnaies (Geld)

Die Einführung des Euro ist ja noch gar nicht so lange her. Der Großvater von Magali konnte sich von seinen Münzen und Scheinen aus den verschiedenen europäischen Ländern noch nicht trennen. Er zeigt Magali seine Sammlung.
Ordne bei dieser Übung der jeweiligen Währung den richtigen Ländernamen und die entsprechende Präposition zu.

Grand-pére: Alors, voilà, Magali.

1. Pour aller ________________________________

   il fallait* avoir des marks allemands.

2. Quand on revenait ____________________________

   on avait encore quelques pesetas espagnoles.

3. Pour voyager ________________________________

   on avait besoin** de francs luxembourgeois.

* Die Verbendungen auf -ait zeigen an, dass es sich hier um das Imperfekt handelt.
**avoir besoin de qc – etwas benötigen

4. Quand on revenait ____

il y avait encore quelques florins hollandais dans le porte-monnaie.

5. Et quand on rentrait ____

on trouvait encore quelques lires italiennes dans ses poches (Jackentasche).

6. Pour aller ____

on achetait des drachmes grecques.

7. Pour partir ____

on avait besoin d'escudos portugais.

Magali: Mais grand-père, regarde ce que j'ai trouvé dans ta caisse: des couronnes danoises, des livres sterling, des couronnes suédoises et même quelques dollars.

Grand-pére: 8. Alors ça, quelle chance, alors je peux faire un petit voyage

____________________, ____________________,

____________________, ____________________.

11 points

II Jacques Brel, ein beliebter Chansonsänger, der leider bereits verstorben ist, hat gesungen: «Dans le port d'Amsterdam, il y a des marins qui chantent...»
Aber der Hafen von Amsterdam ist auch ein großer Güterumschlagplatz. Hier geht es um Städte- und Ländernamen. Es kommt auch der Teilungsartikel vor!
Dans le port d'Amsterdam, il y a...

1. Angers ⟶  : vin/F ⟶ L

... *un camion qui vient d'Angers et qui transporte du vin français au Luxembourg;*

2. S ⟶ 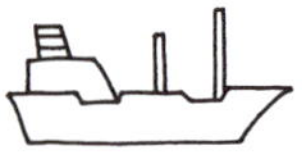 : jambon *m*/DK ⟶ RO

... ____

____

3. D →  : antiquités *f*/PL → NL

... ______________________________

____

4. Lausanne →  : montres *f*/CH → GB

... ______________________________

____

5. P → 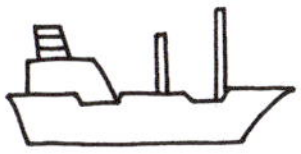 : oranges *f*/E → IRL

... ______________________________

____

6. Le Havre → 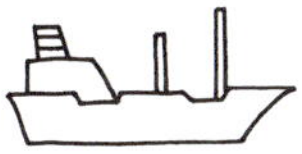 : sardines *f*/F → D

... ______________________________

____

7. Rome →  : produits de beauté *m*/I → B

... ______________________________

____

8. La Ciotat →  : meubles *m*/F → PL

... ______________________________

____

9. GR →  : l'huile *f* d'olive/GR → USA

... ______________________________

____

18 points

14 Die Adverbialpronomen *y* und *en*
Les pronoms adverbiaux

A Das Adverbialpronomen *y:* Standpunkt und Richtung
B Das Adverbialpronomen *en*: Herkunft
C Weiterer Gebrauch von *en*

A Das Adverbialpronomen *y*: Standpunkt und Richtung

Nicole est	**en France.**		
Elle est	**à la M.J.C.**		
Elle	**y**	est.	(dort)
Le chat n'est pas	**sur le balcon.**		
Il n'	**y**	est pas.	(dort)
Rolf va	**à Berlin.**		
Il	**y**	va.	(dorthin)

Das Pronomen *y* vertritt adverbiale Ortsbestimmungen mit den Präpositionen: *à, en, derrière, dans, sur*... Es bedeutet „dort" oder „dorthin", drückt also einen Standpunkt oder eine Richtung aus.

Wie die anderen Objektpronomen, die du schon kennst, steht *y* vor dem konjugierten Verb. In der Verneinung wird es zusammen mit dem Verb von *ne*... *pas* umschlossen. Nur im Zusammenhang mit der Befehlsform steht es hinter dem Verb: *Vas-y*. Hier musst du wegen des „Wohlklangs" an *va* noch ein *s* anhängen.

Allerdings gibt es bei der Verwendung von *y* eine Besonderheit zu beachten:
Wenn eine Ortsbestimmung zusammen mit einer Person gebraucht wird, darfst du *y* nicht verwenden.

Je vais **chez Magali.**
Je vais **chez elle.**

Il a rendez-vous **chez le docteur.**
Il a rendez-vous **chez lui.**

In diesem Fall musst du die betonten Formen des Personalpronomens (die unverbundenen Personalpronomen) verwenden (→ Kapitel 10), denn *y* kann **auf keinen Fall für Personen** stehen.

Daneben ersetzt *y* auch präpositionale Ergänzungen mit *à*, vertritt aber hier ebenfalls nur Sachen.

Je réfléchis **au test de maths.**
J'**y** réfléchis.

1 Unterstreiche die Ortsbestimmungen und ersetze sie durch das Adverbialpronomen *y* oder durch ein Personalpronomen.

1. Il reste <u>à Cherbourg</u> pendant les vacances. *Il y reste pendant les vacances.*
2. Je ne mange jamais dans ce restaurant. ______________________
3. A deux heures, il va à la piscine. ______________________
4. Nous jouons avec l'ordinateur chez Robert. ______________________ ______________________
5. Vous allez au cinéma? ______________________
6. Allons au marché! ______________________
7. Il habite en Suisse. ______________________

B Das Adverbialpronomen *en*: Herkunft

	de Toulouse.	
Il revient	**de la M.J.C.**	
	du cinéma.	
	d'Italie.	
Il	**en**	revient.

Um die Herkunft auszudrücken, benutzt man das Adverbialpronomen *en.* Auch *en* steht vor dem konjugierten Verb.

Aber auch hier die Besonderheit: Im Zusammenhang mit einer Person musst du die betonte Form des Personalpronomens (das unverbundene Personalpronomen) benutzen.

Brigitte vient **de chez Magali**.
Elle vient **de chez elle**.

Les voleurs descendent **de chez les Pottier**.
Ils descendent **de chez eux**.

2 Complète ces dialogues.
Ergänze bei den Fragen jeweils die richtige Präposition. Bei den Antworten muss entweder *y*, *en* oder eine Präposition + betontes Personalpronomen eingesetzt werden. In einigen Antworten muss auch das Verb ergänzt werden.

1. Tu vas *au* marché?	Non j' *en* viens.
2. Tu sors ______ chez le dentiste?	Ben oui, tu vois bien que je sors ______ ________ _______!
3. Mes papiers sont ________ le sac?	Non, ils ___ ___ ________ _______!
4. Je peux aller ______ cinéma ce soir?	Mais oui! Vas- ___!
5. Rolf habite ________ Magali pendant les vacances?	Non, il n'habite pas ________ _______. Il habite ________ Frédo.
6. Ta mère rentre ______ bureau à cinq heures?	Non, elle ______ rentre à six heures.
7. Les enfants vont ______ cinéma ce soir?	Non, ils ___ ________ déjà _________ hier.
8. Quand est-ce que tu vas repartir *de* Strasbourg?	Je vais ______ ______________ le 31 août.

C Weiterer Gebrauch von *en*

Das Adverbialpronomen *en* ersetzt nicht nur Ortsbestimmungen mit *de*, sondern auch andere Ergänzungen mit *de*.

En ersetzt

- den unbestimmten Artikel Plural + Nomen (bei zählbaren Dingen),

> Tu as encore **des timbres**?
> Oui, j'**en** ai trois.

- den Teilungsartikel + Nomen (bei nicht zählbaren Dingen → Kapitel 7),

> Nous avons encore **de l'eau minérale**?
> Oui, nous **en** avons dans le réfrigérateur.
>
> Tu veux encore **du fromage blanc**?
> Oui, j'**en** veux bien.

- das partitive *de* + Nomen (nach einer Mengenangabe),

Tu as pensé à acheter des tomates? Oui, j'ai pris deux kilos **de tomates**. Oui, j'**en** ai pris deux kilos.	Nous avons encore du jus d'orange? Non, nous n'avons plus **de jus d'orange**. Non, nous n'**en** avons plus.

- Nomen nach einem Zahlwort,

> Tu as des cassettes de Porte 53?
> Oui, j'ai **trois cassettes de Porte 53**.
> Oui, j'**en** ai trois.

- eine präpositionale Ergänzung mit *de*.

Il a très envie **de gâteaux**. Il **en** a très envie.	Vous parlez **du film d'hier**? Oui, nous **en** parlons.

In diesem Fall musst du eine Besonderheit beachten: *en* steht für Sachen und nicht für Personen. Bei Personen nimmst du die betonte Form des entsprechenden Personalpronomens.

Magali parle souvent **de Rolf**. Elle parle souvent **de lui**.	A douze ans, on a besoin **de ses parents**. On a besoin **d'eux**.

3 Il n'y a pas d'amour heureux

„Es gibt keine glückliche Liebe“ heißt ein berühmtes Gedicht von Aragon. Nicht nur Magali ist unglücklich. Auch Rolf sehnt sich nach den glücklichen Tagen in Paris zurück, seitdem er wieder in Berlin ist.
Ersetze die Ergänzungen mit *à* oder *de* durch ein Adverbialpronomen oder ein Personalpronomen.

1. Rolf pense souvent au concert de Porte 53 entendu avec Magali.

   ____

2. Il a très envie de repartir à Paris.

   ____

3. Souvent, la nuit, il rêve de son amie.

   ____

4. Il se souvient (erinnert sich) de leurs promenades ensemble.

   ____

5. Pendant les récréations, il parle beaucoup de <u>ses amis français</u>.

____

6. Si tout va bien (wenn alles gutgeht), peut-être qu'il va <u>à Paris</u> à Noël.

____

7. Mais qu'est-ce que ses parents pensent <u>de son idée</u>?

____

8. Mais Magali, elle, est-ce qu'elle a aussi besoin de <u>Rolf</u>?

____

Test

I Für welche Ergänzungen stehen die Adverbialpronomen *y* und *en*, für welche die Personalpronomen?

1. Elle <u>en</u> revient. ○	○ a) du porc (Schweinefleisch)
2. Vous <u>y</u> allez? ○	○ b) de l'eau minérale
3. Tu ne veux pas rester chez <u>elle</u>? ○	○ c) ta grand-mère
4. Est-ce qu'il va <u>y</u> penser? ○	○ d) de la voiture
5. Elle rêve de <u>lui</u>? ○	○ e) du marché
6. Nous allons chez <u>elles</u>. ○	○ f) tes amis
7. Tu <u>en</u> as besoin ce soir, chéri? ○	○ g) à la lettre
8. Tu penses rester longtemps chez <u>eux</u>? ○	○ h) Anne et Marie-Line
9. Les Allemands <u>en</u> mangent souvent. ○	○ i) de Rolf
10. Mais oui, j'<u>en</u> ai pris. ○	○ k) au cinéma

1.	2.	3.	4.	5.	6.	7.	8.	9.	10.
e									

| 10 points

II Ersetze die unterstrichenen Wörter durch ein Adverbialpronomen, ein Personalpronomen oder durch Präposition + Personalpronomen.

1. Elle n'a pas envie <u>de travailler</u>. ____________________
2. Tu viens <u>de Cherbourg</u>? ____________________
3. Nous allons <u>au théâtre</u>. ____________________
4. Je reste <u>chez Eric</u> ce soir. ____________________
5. Tu reviens <u>du marché</u>? ____________________
6. Nous prenons deux kilos <u>de tomates</u>. ____________________
7. Il parle souvent <u>de ses vacances</u>. ____________________
8. Va <u>à l'école</u>! ____________________
9. Ne prends pas <u>de café</u> à tonâge! ____________________
10. Je viens de <u>chez le coiffeur</u>. ____________________

| 10 points

15 Die Steigerung des Adjektivs
Le degré de l'adjectif

A Der Komparativ
B Der Superlativ

Les présentatrices au concours (Die Ansagerinnen im Wettbewerb):

Komparativ **Superlativ**

Du hast sicher schon erkannt, dass bei der Steigerung des Adjektivs nicht seine Form verändert, sondern etwas hinzugefügt wird.

A Der Komparativ

Beim Komparativ gibt es vier Möglichkeiten:

1. Mme Grandchamp est **plus** sympathique **que** Mlle Leclerc.
2. Mlle Leclerc est **moins** sympathique **que** Mme Grandchamp.
3. Mlle Leclerc **n'**est **pas aussi** sympathique **que** Mme Grandchamp.
4. Mme Pirou est **aussi** sympathique **que** Mlle Beaumont.

+	**plus**	Adjektiv + **que**	– sympathischer
–	**moins**		– weniger sympathisch
	ne… pas aussi		– nicht so sympathisch
=	**aussi**		– genauso sympathisch

Es gibt nur ein Adjektiv, das im Komparativ vollständig verändert wird:

bon, bonne ⟶ meilleur,e (besser)

Frédo est **bon** en français, mais Magali est **meilleure**.

1 Yves a fait une enquête (Umfrage) à son école. Voilà ses résultats.
Das Ergebnis seiner Umfrage hat Yves in eine Tabelle übertragen. Du sollst diese Tabelle nun wieder in die ursprünglichen Aussagen zurückverwandeln. Schau dir dazu noch einmal die Bedeutung der Symbole auf Seite 112 an.

qualité	professeur, matière élèves etc.	+	–	=	professeur, matière, élèves etc.
1. strict,e	le prof. de latin	x			la prof. de chimie
2. libéral,e	la prof. de dessin			x	la prof. de philosophie
3. difficile	l'informatique		x		les mathématiques
4. dur,e (hart, schwierig)	la philosophie	x			l'histoire
5. paresseux,se (faul)	les filles			x	les garçons
6. mauvais,e	les interros orales (mündliche Prüfungen)	x			les interros écrites
7. autoritaire	la documentaliste (Bibliothekarin)			x	le prof. de physique
8. bon, ne	la caféteria	x			la cantine
9. sévère (streng)	le pion (Aufseher)		x		le principal (Direktor)

1. Le professeur de latin est plus strict que la professeur de chimie.
2. ______________________________
____
3. ______________________________
____
4. ______________________________
5. ______________________________
6. ______________________________
____
7. ______________________________
____
8. ______________________________
9. ______________________________

B Der Superlativ

Du erinnerst dich sicher an die Stellung der Adjektive im französischen Satz.
Die meisten Adjektive werden dem Nomen nachgestellt, nur wenige – in der Regel die kürzeren wie *grand, petit*… – werden vorangestellt. (→ Besser in Französisch, Grammatik 1. Lernjahr, Kapitel 12)
Diese Regeln musst du natürlich auch beim Superlativ beachten. Schau dir die folgenden Sätze genau an.

Le château de Versailles est **le plus grand** château de France. La place de l'Etoile est **une des plus belles** places de Paris.	Voran- stellung
La tour Eiffel est **la** tour **la plus intéressante**. Le restaurant Maxime est **un des** restaurants **les plus chers** de Paris.	Nach- stellung

Das Ganze noch einmal in Formeln verpackt:

↑		**le** **la** **les**	**plus** + Adjektiv + Nomen	**de…**	Voranstellung
↗	**un** **une**	**des** **des**			
↑	**le** **la** **les**		**le** Nomen + **la plus** + Adjektiv **les**	**de…**	Nachstellung
↗	**un** **une**	**des** **des**			

Wie du schon weißt, bildet das Adjektiv *bon,ne* eine Ausnahme. Eine weitere Ausnahme bildet der Superlativ von *mauvais,e.*

bon,ne	meilleur,e	le meilleur la meilleure les meilleur(e)s	Le café Flore est **un des meilleurs** cafés de Paris.
mauvais,e	plus mauvais,e	le pire la pire les pires	Le Sida (Aids) est **une des pires** maladies.

Bevor du dich an die nächste Übung machst, schau dir noch einmal die Symbole auf Seite 114 an.

2 ZAVATA – le cirque au superlatif

1. le chapiteau (Zirkuszelt) / haut ↑ / le monde — *Zavata a le chapiteau le plus haut du monde.*
2. les acrobates / habile (geschickt) ↑ / tous les cirques — *Il a les acrobates* ____
3. l'éléphant / gros ↑ / l'Inde — *Il a* ____
4. le tigre / dangereux ↑ / la France — *Il a* ____

5. la trapéziste / joli ↑ / tous les cirques français ______________________

6. le jongleur / petit ↑ / le monde ______________________

7. la femme / fort ↑ / l'Europe ______________________

8. la girafe / grand ↑ ______________________

9. le clown / drôle ↑ / tous les clowns ______________________

10. le dompteur / courageux ↑ / la France ______________________

11. les chevaux / beau ↑ ______________________

12. l'orchestre / bon ↑ / le monde ______________________

Test

I Jetzt wird alles gemischt. Komparativ und Superlativ. Beachte die Symbole auf Seite 112 und Seite 114.
Yves rêve qu'il a de la visite de E.T.
Voilà leur conversation (Unterhaltung).

1. a) Le Mont Everest est *la montagne la plus* ______ montagne/haut ↑
haute du monde.

b) Chez nous, il y a des *montagnes plus hautes* ______ montagne/haut +
que sur terre.

2. a) Le T.G.V. est ______________________ trains/rapide ↗

______________ du monde.

b) Chez nous, les ______________________ trains/rapide +

______________ que chez vous.

3. a) Etre pompier, c'est ______________________ métier/dangereux ↑

______________.

b) Chez nous, ce métier ______________________ métier/dangereux –

__________ d'être chocolatier

(Schokoladenhersteller).

4. a) Le RQ2 ______________________ ordinateur/petit ↑

______________ du monde.

b) Chez nous, tous les ordinateurs______________ ordinateur/grand =

______________ le RQ2.

5. a) En général, chez nous, les élèves ______________ intelligent –

______________ les professeurs.

b) Chez nous, c'est juste le contraire: les élèves __________ personnes *f.* /intelligent ↑

______________________.

6. a) Ne pas aller à l'école, ce serait ______________ solution *f.* (Lösung) /bon ↑

______________.

b) Rester à la maison, c'est ______________________ mauvais –

que d'aller à l'école parce qu'on s'ennuie.

7. a) Etre amoureux, c'est ______________________ période *f.*/beau ↑

______________ de la vie.

b) Eh bien, chez nous aussi.

| 12 points

16 Das Perfekt (2) – Die Veränderlichkeit des Partizips

L'accord du participe

A Das Partizip der Verben, die mit *avoir* verbunden sind
B Besonderheiten der reflexiven Verben

A Das Partizip der Verben, die mit *avoir* verbunden sind

Du erinnerst dich sicherlich an die Vergangenheit der Verben, die mit *être* verbunden werden:

Subjekt Verb
Monique est partie par le train de dix heures.
Hilfsverb Partizip

Bei solchen Verben richtet sich das Partizip in Geschlecht und Zahl nach dem Subjekt (→ Kapitel 4 D).

Bei Verben, die mit *avoir* verbunden werden, musst du nach dem **direkten Objekt** (wen oder was?) suchen. Die Stellung des direkten Objekts bestimmt dann die Rechtschreibung des Partizips. Es gilt folgende Regel:

- Wenn das direkte Objekt **vor** dem Verb steht, wird das Partizip in Geschlecht und Zahl diesem direkten Objekt angeglichen.
- Wenn das direkte Objekt **hinter** dem Verb steht oder wenn das Verb **kein** direktes Objekt hat, bleibt das Partizip unverändert.

Kompliziert? In der Theorie vielleicht, also schreiten wir mal zur Praxis.

Verb direktes Objekt
Tu as trouvé **mes clés**?

direktes Objekt Verb
Oui, je **les** ai trouv**ées.**

Das direkte Objektpronomen *les* vertritt *les clés* – feminin, Plural. Also wird *-es* an das Partizip angehängt. Ebenso:

Les exercices, tu **les** as fait**s**?

Jetzt bist du dran, diese Regeln anzuwenden.

1 Le pique-nique
Gleiche das Partizip dem direkten Objekt an.

1. «Les sandwichs, tu les as fait ____?»
2. «Bien sûr! Tu ne les as pas vu ____?»
3. «Ah si, les voilà! Et les boissons, tu les as préparé ____?»
4. «Mais oui! Et si tu cherches les assiettes, je les ai mis ____ dans le panier (Korb) avec les verres.»
5. «Des assiettes pour les sandwichs?»
6. «Non, pour le dessert. C'est Katrin qui l'a préparé ____. C'est une spécialité allemande.»

Bis jetzt war es recht einfach, weil das direkte Objekt jedes Mal vor dem Verb stand. Nun sollst du entscheiden, wann die Partizipien verändert werden müssen.

2 Vervollständige die Partizipien, wenn es notwendig ist.

1. Nous avons passé ____ des vacances formidables.
2. Quelles belles chaussures! Où est-ce que tu les as acheté ____?
3. Marion a bien joué ____ à la plage.
4. Et les dernières vidéo-cassettes de Michael Jackson, tu les as vu ____?
5. Plus de gâteaux! Brigitte les a encore mangé ____!

Du siehst, es ist gar nicht so schlimm.

In den bisherigen Beispielen hieß das direkte Objekt immer *le, la* oder *les.* Jetzt musst du dein Augenmerk auf andere Formen des direkten Objekts richten. Du weißt ja, dass das Relativpronomen *que* (*qu'* vor Vokal) immer ein direktes Objekt ist (→ Kapitel 11 B). Auch die Fragebegleiter *quel, quelle, quels, quelles* + Nomen sind oft direkte Objekte.

	direktes Objekt	Verb
Ce sont les livres	**que**	j'ai lu**s**.

In diesem Satz richtet sich das Partizip nach dem vorangehenden Objekt *que*, stellvertretend für *les livres* – maskulin, Plural.
Ebenso:

> Voilà les cartes **que** j'ai pris**es**.
>
> Où sont les lettres **que** tu as écrit**es**?
>
> **Quels amis** as-tu invité**s**?

In der folgenden Übung sollst du nun sämtliche Fälle der Veränderlichkeit des Partizips bestimmen.

3 Welche Erklärung trifft für die folgenden Sätze zu? Trage den Buchstaben der richtigen Erklärung in das entsprechende Kästchen ein.

A Das Verb wird mit *être* verbunden. Folglich richtet sich das Partizip nach dem Subjekt.
B Das Verb wird mit *avoir* verbunden. Ein direktes Objekt ist nicht vorhanden. Das Partizip bleibt unverändert.
C Das Verb wird mit *avoir* verbunden. Das direkte Objekt steht hinter dem Verb. Das Partizip bleibt unverändert.
D Das Verb wird mit *avoir* verbunden. Das direkte Objekt steht vor dem Verb. Das Partizip richtet sich nach dem direkten Objekt.

1. Voilà les chaussures que j'ai essayées.	D
2. Quels timbres est-ce que tu as choisis?	
3. Tu m'as donné tes lettres il y a cinq minutes.	
4. Ils sont partis par le train de onze heures.	
5. Je leur ai parlé dans l'escalier.	
6. Katrin et Rolf? Je les ai vus à la M.J.C.	

Vorsicht, Falle!

Wie du bei Satz 5 der letzten Übung gesehen hast, ist nicht jedes Personalpronomen, das vor dem Verb steht, ein direktes Objekt.
Hier noch ein Beispiel:

Les enfants! Je vous (indirektes Objekt) ai acheté des bananes! (direktes Objekt)

Die Personalpronomen *me, te, nous, vous* können sowohl direktes als auch indirektes Objekt (wem?) sein. Untersuche in diesem Fall die Funktion des Personalpronomens genauer.

Unterscheide:

Dites donc, les enfants! Je **vous** (direktes Objekt) ai **vus**! Vous avez cassé la fenêtre avec votre ballon!

Je vous (indirektes Objekt) ai acheté un ballon (direktes Objekt) pour la plage.

4 Accord ou pas d'accord?
Unterstreiche zunächst alle direkten Objekte, die vor dem Verb stehen.

La mère: Magali, je t'ai encore vu ____[1] avec ce garçon. Je t'ai déjà dit ____[2] que je n'aime pas ça!

Magali: Je lui ai juste parlé ____[3] cinq minutes. On nous a donné ____[4] des billets de cinéma pour la M.J.C.

La mère: Bonne excuse, la M.J.C.! Je vous ai déjà vu ____[5] hier ensemble!

Magali: Mais maman, c'est lui qui m'a appelé ____[6]. Alors, je lui ai dit ____[7] bonjour, c'est tout! En maths, c'est un crack et il m'a donné ____[8] les solutions des problèmes!

B Besonderheiten der reflexiven Verben

Auch bei den reflexiven Verben richtet sich das Partizip nach dem direkten Objekt. Aber auch hier musst du etwas genauer hinsehen.

direktes Objekt		indirektes Objekt	direktes Objekt
Magali **s'** est prépar**ée**.	Dans l'accident, elle	s' est cassé	**une jambe**.

Im ersten Satz ist das Reflexivpronomen *s'* direktes Objekt. Das Partizip richtet sich nach diesem Pronomen (→ Kapitel 12 B).
Im zweiten Satz ist das Reflexivpronomen indirektes Objekt. Das direkte Objekt steht hier hinter dem Verb.

5 Le vendredi 13 de Mme Pipelette. Correct ou faux?
Kreuze das richtige Kästchen an und korrigiere das Partizip, wenn nötig.

	c	f
1. A dix heures, Mme Pipelette est sorti de sa loge. sortie	☐	☒
2. Elle a balayés (fegen) les escaliers. ____________	☐	☐
3. A onze heures, le facteur l'a appelé pour un paquet. ____________	☐	☐
4. En vitesse (schnell), elle est redescendue. ____________	☐	☐
5. Elle a signé les papiers ____________	☐	☐
que le facteur lui a donnée. ____________	☐	☐
6. Comme (da) Mme Lebrun a 90 ans, elle lui a porté ses lettres. ____________	☐	☐
7. Elle a bus les deux petits verres d'apéritif de Mme Lebrun. ____________	☐	☐
8. Elle s'est dépêchée. ____________	☐	☐
9. Elle est tombée dans l'escalier. ____________	☐	☐
10. Résultat: elle s'est cassée la main. ____________	☐	☐

Test

I Accident du travail (Arbeitsunfall)?
Lies dir Übung 5 noch einmal durch. Betrachte dann die folgenden vier Bilder und erzähle den „Arbeitsunfall“ von Mme Pipelette aus ihrer Perspektive im Perfekt.

1. J'ai ______________________________
2. Le facteur ______________________________
3. J'ai ______________________________
4. ______________________________

Was hat Mme Pipelette verschwiegen?

5. Elle n'a pas dit qu'elle ______________ les deux verres que Mme Lebrun lui ______________

| 6 points

II Une drôle de livraison (Eine seltsame Lieferung)
Bei Pottiers ist eingebrochen worden. Mme Pipelette erzählt.
Verändere die Partizipien, wenn es notwendig ist.

Voilà, monsieur le commissaire: deux hommes en blouse grise (in grauem Kittel) m'ont appelé ____[1].

Ils m'ont expliqué ____[2] que c'est une livraison pour les Pottier.

Ils sont passé ____[3] devant ma loge avec une grosse caisse.

Ils l'ont porté ____[4] avec beaucoup de difficultés jusqu'au quatrième.

Ils se sont bien arrêté ____[5] vingt fois.

Ils ont sonné ____[6], mais personne ne leur a répondu.

Alors, je leur ai dit: «Mais la famille Pottier est parti ____[7] travailler. C'est drôle, votre livraison maintenant.»

Les deux hommes m'ont donc montré ____[8] une feuille de livraison (Lieferschein) pour une télévision.

Je suis donc allé ____[9] chercher mon passe-partout (Hauptschlüssel) pour ouvrir.

Je me suis quand même un peu étonné ____[10], quand j'ai vu ____[11] la caisse dans le couloir.

Puis, les deux hommes sont reparti ____[12] très vite.

Deux heures après, ils sont revenu ____[13]: une erreur de livraison (falsche Lieferung).

Ils ont repris ____[14] leur caisse et l'ont porté ____[15] sans problème jusqu'à leur camion.

Peu après, une femme que je n'ai encore jamais vu ____[16] dans l'immeuble est descendu ____[17] du quatrième.

J'ai trouvé ____[18] tout cela très drôle et j'ai appelé ____[19] ma collègue, madame Saistout.

Et voilà l'article «Les voleurs-livreurs» qu'elle m'a montré ____[20].

Ce sont bien ces hommes et cette femme-là, commissaire. Je les ai reconnu ____[21].

| 21 points